Les Canadiens,
L'INNOVATION et
L'APPRENTISSAGE

LA STRATÉGIE
D'INNOVATION
DU CANADA

On peut obtenir cette publication sur supports multiples, sur demande. Communiquer avec les centres dont les coordonnées suivent.

Pour obtenir des exemplaires supplémentaires de cette publication, s'adresser également au :

Centre de diffusion de l'information
Direction générale des communications
 et du marketing
Industrie Canada
Bureau 268D, tour Ouest
235, rue Queen
Ottawa (Ontario) K1A 0H5

Téléphone : (613) 947-7466
Télécopieur : (613) 954-6436
Courriel : **publications@ic.gc.ca**

Centre de renseignements
Développement des ressources humaines Canada
140, promenade du Portage
Phase IV, niveau 0
Gatineau (Québec) K1A 0J9

Télécopieur : (819) 953-7260
Courriel : **pub@hrdc-drhc.gc.ca**

Cette publication est également offerte par voie électronique sur le Web
(**http://www.strategieinnovation.gc.ca**).

N.B. Dans cette publication, la forme masculine désigne tant les femmes que les hommes.

N° de catalogue Iu4-21/2002
ISBN 0-662-66955-X
53818B

Contient
10 p. 100 de
matières
recyclées

TABLE DES MATIÈRES

AVANT-PROPOS

Le document intitulé *Les Canadiens, l'innovation et l'apprentissage* fait ressortir les perspectives et les arguments clés d'un grand nombre d'organismes canadiens qui ont répondu à l'« appel à l'action » qu'avait lancé le gouvernement fédéral en publiant les documents qui énonçaient la *Stratégie d'innovation* en février 2002. *Atteindre l'excellence — Investir dans les gens, le savoir et les possibilités* et *Le savoir, clé de notre avenir — Le perfectionnement des compétences au Canada* mettent en évidence plusieurs défis qu'affrontera le Canada dans la démarche qui doit en faire un des pays les plus innovateurs et dont la main-d'œuvre est la plus qualifiée du monde sur les plans économique et social — un pays qui se dotera d'installations de recherche, d'entreprises et de collectivités de classe mondiale et d'une main-d'œuvre talentueuse, mobile, engagée et en santé. Les deux documents avaient pour objet de stimuler les discussions sur les défis et les jalons concernant la recherche-développement et la commercialisation, les compétences et l'apprentissage, l'immigration, la création d'un climat commercial propice à l'innovation et les collectivités qui attirent talents et investissements.

Entre mai et octobre 2002, le gouvernement du Canada a mobilisé les principaux représentants d'un large éventail d'entreprises, petites et grandes, des milieux de l'enseignement et des affaires, des administrations gouvernementales, de l'industrie, des syndicats, du secteur bénévole et d'autres intervenants et partenaires, dans le cadre d'une série de réunions régionales, nationales et sectorielles, de tables rondes spécialisées et d'activités portant sur les pratiques exemplaires, afin d'obtenir leurs opinions sur la *Stratégie d'innovation du Canada* et de les inviter à participer à sa concrétisation. Plus de 10 000 Canadiens d'un peu partout au pays ont participé au processus, et plusieurs centaines ont formulé leurs commentaires à titre individuel en utilisant les outils en ligne. Plus de 250 mémoires ont été présentés par toute une gamme d'entreprises, d'organismes de gens d'affaires et de segments de la société. Le présent rapport, qui repose sur les opinions exprimées pendant les activités de mobilisation et dans les mémoires, est essentiellement le résumé des points de vue fournis par les participants au cours des derniers mois.

Il est recommandé aux lecteurs qui souhaitent avoir un aperçu des priorités communes et des mesures proposées à partir des commentaires recueillis lors des discussions de se reporter au chapitre 10.

Le gouvernement du Canada remercie tous les Canadiens qui ont participé au processus de mobilisation et qui ont fait connaître leurs opinions sur cette initiative importante. Une liste des organismes qui ont fourni une contribution ainsi que bon nombre de leurs rapports et mémoires officiels figurent dans le site Web de la *Stratégie d'innovation* (**www.strategieinnovation.gc.ca**).

MESSAGE DES MINISTRES

Le 12 février 2002, nous avons officiellement lancé la *Stratégie d'innovation du Canada*. Dans les 10 mois qui ont suivi, nos ministères et nos partenaires ont organisé plus de 80 réunions sectorielles, 33 sommets régionaux, un sommet rural et 20 tables rondes. En plus des 250 mémoires que nous avons reçus, nous avons entendu le point de vue d'un millier de jeunes. Par ailleurs, plus de 600 petites et moyennes entreprises ainsi que des particuliers nous ont fait part de leurs réactions en ligne. Comme vous le constaterez dans les pages qui suivent, la diversité des opinions exprimées est frappante. C'est précisément ce large éventail d'opinions qui a rendu ces discussions si intéressantes.

Nous souhaitons remercier les Canadiennes et les Canadiens, et ils étaient plus de 10 000, qui ont participé à ces activités de mobilisation. Pendant tout le processus de mobilisation, on a constamment insisté sur la dimension humaine de l'innovation. Les Canadiennes et les Canadiens comprennent que ce sont les gens qui innovent et que ce sont eux qui auront les idées et qui les appliqueront. Nous souhaitons aussi les féliciter de leur investissement dans cette vision nationale ainsi que de leurs conseils judicieux.

L'innovation et l'apprentissage sont essentiels pour que le niveau de vie des Canadiennes et des Canadiens reste élevé. Le gouvernement du Canada peut favoriser l'instauration d'un climat propice à l'innovation, mais il ne peut élaborer seul une stratégie commune pour relever ce défi. Pour cela, il lui fallait les commentaires et le point de vue des habitants de toutes les régions et de tous les secteurs de l'économie. Plus précisément, il lui fallait connaître le point de vue du secteur privé, qui est un des grands moteurs de l'innovation et un des principaux créateurs d'emplois.

Au Sommet national sur l'innovation et l'apprentissage, les divers délégués représentant nos partenaires, le secteur privé, le secteur du bénévolat, les établissements d'enseignement, les syndicats, d'autres ordres de gouvernement ainsi que de simples citoyens détermineront la priorité à donner aux mesures recommandées durant le processus de mobilisation. Nous échangerons également des idées sur les mesures à prendre dans les domaines jugés prioritaires pour relever les défis décrits dans les documents intitulés *Le savoir, clé de notre avenir* et *Atteindre l'excellence* qui, ensemble, constituent la *Stratégie d'innovation du Canada*. Il est clair que le Sommet marquera une étape importante dans la mise en œuvre de cette stratégie à long terme, qui nous fera passer de l'étape de la vérification et de la définition précise des défis qui se posent au Canada sur le plan de l'innovation et des capacités d'apprentissage à celle de l'établissement des bases d'un plan d'action national qui guidera notre croissance dans les 10 ans à venir.

Ce qui a été accompli pendant ces discussions est une véritable source d'inspiration. Les activités de mobilisation ont permis de nouer de nombreuses relations et de former de nouveaux partenariats fructueux. Il est devenu évident qu'en tant que nation, nous partageons une vision commune. De plus, nous apprécions le pouvoir et l'importance d'une culture novatrice et d'une population active hautement qualifiée dans un Canada moderne. Le document intitulé *Les Canadiens, l'innovation et l'apprentissage* témoigne de toute la portée de ce processus de mobilisation.

Ensemble, nous pouvons faire en sorte de nous doter des outils dont nous avons besoin pour que le Canada devienne un des pays les plus novateurs du monde. En nous lançant dans un projet national, nous pouvons appuyer l'innovation dans toutes les régions et nous assurer de la pleine participation de toute la population canadienne.

Le ministre de l'Industrie,

Allan Rock

La ministre du Développement
des ressources humaines,

Jane Stewart

CHAPITRE 1

INTRODUCTION

RAISON D'ÊTRE DE LA STRATÉGIE D'INNOVATION

L'innovation prend forme grâce aux personnes qui conçoivent et concrétisent de nouvelles idées. Elle se manifeste quand des personnes possédant les compétences requises produisent mieux les choses, plus rapidement et à un coût moindre, quand elles amènent de nouveaux produits sur le marché et qu'elles trouvent de nouveaux marchés pour les produits et les services.

> *« Pour tirer parti de la capacité d'innovation des Canadiens, il faut être capable de regarder au-delà du présent. Il faut se tourner vers l'avenir pour réaliser le rêve qui en sera le fondement. »*
>
> Paul Bush, vice-président, Développement de l'entreprise, Télésat Canada, président de la Table ronde du secteur de l'industrie spatiale

En augmentant la portée de l'innovation et en accélérant son rythme dans tous les secteurs de l'économie et de la société, on améliorera le niveau de vie des Canadiens, on protégera la qualité de vie enviable des habitants et on fera en sorte que les citoyens bénéficient d'une société plus novatrice et productive. La *Stratégie d'innovation* du Canada vise à préparer les Canadiens au XXIe siècle ainsi qu'à proposer une vision et une série d'interventions et d'objectifs auxquels tous les membres de l'économie et de la société pourront s'attaquer ensemble.

Les documents de la Stratégie

La *Stratégie d'innovation du Canada* est un ouvrage en voie d'élaboration. Elle a été dévoilée en février 2002 par le ministre de Développement des ressources humaines Canada et par celui de l'Industrie qui ont alors présenté les deux documents énonçant la Stratégie. Ces documents décrivent le contexte économique, social et démographique dans lequel s'inscrit le défi de l'innovation et de l'apprentissage, et ils définissent certaines des raisons expliquant pourquoi le Canada accuse du retard sur de nombreux autres pays industrialisés quant à la performance. En outre, ils énoncent les objectifs à moyen et à long terme qui, ensemble, font voir à quoi pourrait ressembler le Canada de demain si tous les intervenants de l'économie et de la société conjuguaient leurs efforts à l'échelle nationale pour créer une culture de l'innovation et de l'apprentissage. Les cibles fixées aux fins du plan d'action couvrent les années d'ici 2010. Les sections I et II de l'annexe présentent les points saillants des deux documents et donnent des détails sur les objectifs et les jalons proposés.

Le document intitulé *Atteindre l'excellence — investir dans les gens, le savoir et les possibilités*, qui a été préparé par Industrie Canada, examine en détail le processus d'innovation — comment et où les personnes, mettant à profit les idées et le capital, arrivent à commercialiser de nouveaux produits et procédés. Il établit des objectifs et des cibles et pose d'importantes questions dans quatre domaines :

1. Performance sur le plan du savoir : Comment pouvons-nous accroître l'investissement dans la recherche et le développement (R-D) et amener plus rapidement sur le marché les idées prometteuses?

2. Compétences : Comment pouvons-nous faire en sorte que le Canada ait toutes les personnes hautement qualifiées nécessaires pour favoriser l'innovation dans tous les secteurs de l'économie?

3. Milieu de l'innovation : Comment pouvons-nous formuler des règlements et un régime fiscal qui font la part des choses entre l'intérêt public et les pressions concurrentielles que subissent les entreprises canadiennes?

4. Renforcement des collectivités : Comment pouvons-nous stimuler l'innovation au niveau local, afin que la population de toutes les régions du Canada puisse participer à l'économie du savoir?

Le document intitulé *Le savoir, clé de notre avenir : le perfectionnement des compétences au Canada*, qu'a préparé Développement des ressources humaines Canada (DRHC), traite du capital humain dans l'équation de l'innovation — comment répondre à la demande sans cesse croissante de compétences et relever les défis liés aux impératifs démographiques imminents pour que le Canada maintienne une population active de calibre mondial. En outre, il établit des objectifs et des jalons et pose d'importantes questions dans quatre domaines :

1. Enfance et jeunesse : Comment pouvons-nous donner à nos enfants et à nos jeunes le meilleur départ possible dans la vie et les préparer à une société axée sur l'apprentissage continu?

2. Éducation postsecondaire : Comment pouvons-nous rendre plus accessibles aux Canadiens les programmes d'apprentissage et les études collégiales et universitaires, y compris les programmes des cycles supérieurs?

3. Travailleurs adultes : Comment pouvons-nous faire en sorte que les Canadiens déjà sur le marché du travail continuent à perfectionner leurs connaissances et leurs capacités, et qu'ils s'adaptent à l'évolution de la technologie et des besoins en matière de compétences?

4. Immigration : Comment pouvons-nous faire en sorte que le Canada continue d'attirer des immigrants hautement qualifiés et qu'il les aide à donner leur pleine mesure dans notre société et notre marché du travail?

Les deux documents (*Atteindre l'excellence* et *Le savoir, clé de notre avenir*) ont lancé un « appel à l'action ». Leurs auteurs ont invité tous les Canadiens à élaborer ensemble un plan d'action portant sur l'innovation et l'apprentissage, et à établir une vision commune de l'avenir. La première étape du processus, qui a été consacrée aux discussions, se terminera par un Sommet national de l'innovation et de l'apprentissage, qui aura lieu à Toronto les 18 et 19 novembre 2002.

PROCESSUS DE MOBILISATION

En mai 2002, les ministres Rock et Stewart ont lancé au nom du gouvernement du Canada un processus de mobilisation pour engendrer, au sujet des défis de l'innovation et de l'apprentissage au pays, des discussions entre les entreprises, grandes et petites, les secteurs de l'industrie, les associations nationales de gens d'affaires, les jeunes, les Autochtones, les établissements d'enseignement et de recherche, les municipalités, les organismes de développement économique, les conseils sectoriels[1], les groupes syndicaux, les collectivités et les régions. Le gouvernement du Canada a invité les gouvernements provinciaux et territoriaux à prendre part aux discussions sur la *Stratégie d'innovation du Canada* dans le cadre d'un processus parallèle qui a compris une série de réunions et d'activités. L'objectif global consistait à faire participer les Canadiens aux discussions, à connaître leur point de vue et leurs idées sur les cibles établies et les mesures proposées, et à les inciter à leur propre plan d'action pour améliorer leur performance aux chapitres de l'innovation et de l'apprentissage. En particulier, le gouvernement du Canada s'interrogeait sur les questions suivantes :

- Les objectifs, les cibles et les jalons établis dans les documents *Atteindre l'excellence* et *Le savoir, clé de notre avenir* sont-ils bien définis? Sont-ils raisonnables et réalisables?

- Les différentes interventions proposées sont-elles bien pensées? Aideront-elles sensiblement le

---

1. *Les conseils sectoriels réunissent les employeurs, les syndicats, d'autres représentants des employés et les milieux de l'enseignement et de la formation pour cerner et relever les défis relatifs aux ressources humaines. Ils assument maintenant un rôle important sur le marché du travail, et il y en a désormais dans 26 secteurs de l'industrie (qui représentent le quart de toute la population active), y compris ceux de l'acier, des mines et des textiles, de l'aérospatiale, de la construction et du tourisme.*

Canada à opérer les changements nécessaires pour améliorer sa performance en matière d'innovation et d'apprentissage dans les délais proposés?

- Quels sont les principaux obstacles à l'innovation et à l'apprentissage au Canada? Quelles sont les mesures qui permettront de les surmonter?

- Quels rôles et quelles responsabilités les entreprises, les fournisseurs de services d'éducation et de formation, les syndicats, les collectivités et les gouvernements doivent-ils accepter pour édifier un Canada plus innovateur et une main-d'œuvre plus qualifiée? Quelle mission convient le mieux à chacun d'entre eux?

Au cours des six derniers mois, on a invité les intervenants à participer à des discussions à l'échelle du gouvernement sur l'innovation et l'apprentissage. Dans tout le territoire canadien, les activités et les réunions de mobilisation ont eu lieu dans les grandes villes et dans de petites collectivités; y ont participé des organismes et des gens de domaines très divers et ayant des intérêts et des points de vue variés. DRHC et Industrie Canada ont dirigé les discussions en utilisant différentes démarches.

DRHC a bénéficié de l'apport de plus de 1 200 intervenants grâce à 10 ateliers sur les pratiques exemplaires, à 6 tables rondes d'experts et à une série de réunions bilatérales. Les 10 ateliers visaient à étudier les leçons apprises, à favoriser l'échange de pratiques exemplaires et de démarches novatrices, et à renforcer le dialogue national sur les compétences et l'apprentissage. Chaque atelier a mis l'accent sur un aspect particulier pouvant faire partie de la démarche nationale de perfectionnement des compétences et de développement de l'apprentissage. Les sujets étaient les suivants : l'apprentissage en ligne; les conseils sectoriels; les stages d'apprentissage; une stratégie d'intégration des handicapés au marché du travail; l'édification de collectivités d'apprenants; l'innovation quant à l'apprentissage et à l'acquisition de compétences en milieu de travail; l'alphabétisation; les immigrants et le marché du travail; la reconnaissance de l'apprentissage; le savoir et l'information sur les compétences et l'apprentissage. Les tables rondes d'experts ont surtout porté sur les discussions avec des intervenants clés au sujet de leurs priorités relatives aux compétences et à l'apprentissage et sur la définition des mesures possibles pour atteindre les objectifs énoncés dans le document *Le savoir, clé de notre avenir*. Une cinquantaine d'intervenants ont participé à chaque activité, chacune ayant mis l'accent sur un groupe de population particulier ainsi que sur les défis qui se posent à lui quant aux chapitres de l'acquisition des compétences et de l'apprentissage. Les thèmes suivants ont été abordés aux tables rondes : l'accès des apprenants adultes aux études postsecondaires; les jeunes; les peuples autochtones; la main-d'œuvre adulte; les enfants; l'accès global des Canadiens aux études postsecondaires, et les capacités du système.

En outre, DRHC a aussi invité les gens et les organismes à s'exprimer sur les objectifs et les jalons définis dans le document *Le savoir, clé de notre avenir* en utilisant le « Cahier de concertation » diffusé en ligne.

À Industrie Canada, le processus de mobilisation a eu lieu par secteur, par région et par industrie. Environ 70 industries ont énoncé leur point de vue sur les documents *Atteindre l'excellence* et *Le savoir, clé de notre avenir* en déposant des mémoires. Les associations nationales de gens d'affaires, les organismes de développement économique et d'autres groupes se sont exprimés dans des tribunes similaires. Le Ministère a parrainé, de concert avec DRHC, des « sommets régionaux » dans 33 localités du pays et il a invité la population à se faire entendre également en se servant de la « Trousse de participation » en ligne. Un sommet rural a aussi été organisé et des tables rondes plus petites ont eu lieu dans certaines provinces. Un sondage spécial a de plus été mené en ligne pour consulter les petites et moyennes entreprises. DRHC et Industrie Canada ont sollicité l'apport des jeunes et des groupes autochtones au processus de mobilisation.

En outre, d'autres ministères fédéraux ont été invités à mobiliser leurs groupes d'intervenants partout au pays pour les faire participer aux discussions sur l'innovation et l'apprentissage. On a organisé des réunions avec, entre autres, Santé Canada, Ressources naturelles Canada, Transports Canada, Agriculture et Agroalimentaire Canada, Patrimoine canadien, Environnement Canada, Citoyenneté et Immigration Canada, le ministère des Affaires étrangères et du Commerce international, Pêches et Océans Canada, le ministère des Finances du Canada, le ministère de la Justice du Canada, le Secrétariat rural, Condition féminine Canada et Communication Canada, de même que le Conseil national de recherches Canada, les conseils subventionnaires fédéraux, les Instituts de recherche en santé du Canada, le Centre de recherches sur les communications Canada et le Bureau des partenariats internationaux. Plusieurs de ces ministères et organismes ont eux-mêmes tenu des réunions de mobilisation pour connaître la réaction de leurs groupes clients à la *Stratégie d'innovation*.

L'information et les documents recueillis grâce à ce vaste processus ont permis de constituer un corpus grandissant de connaissances qui sera une ressource précieuse lorsque les décideurs des secteurs public et privé iront de l'avant au cours des mois à venir. En outre, la vision proposée dans la *Stratégie d'innovation du Canada* suscite un enthousiasme croissant et elle formera une solide assise pour l'élaboration d'un plan d'action sur l'innovation et l'apprentissage.

En tout, plus de 10 000 représentants des milieux d'affaires, des syndicats, des fournisseurs de services d'éducation et de formation, de la communauté autochtone, des administrations provinciales, territoriales et municipales, de la jeunesse, des organismes à but non lucratif et d'autres groupes ont partagé leurs réflexions et leurs préoccupations sur la *Stratégie d'innovation*. Quelque 250 groupes et organismes ont exprimé leur point de vue dans des mémoires totalisant plus de 3 000 pages. Par ailleurs, plus de 500 petites entreprises ont rempli des questionnaires en ligne et des milliers de gens et de groupes communautaires ont pris part au processus de mobilisation en s'exprimant par courriel ou par téléphone, ou en remplissant la « Trousse de participation » ou le « Cahier de concertation ».

Les responsables ont compilé toute l'information recueillie afin de recenser les principales questions préoccupant un large éventail de Canadiens et de groupes d'intervenants, et de mettre en évidence leur point de vue et leurs recommandations sur les défis de l'innovation et de l'apprentissage qui attendent le Canada. Certaines recommandations concernent expressément une intervention des gouvernements, mais les Canadiens ont été très clairs quant à la nécessité d'une stratégie coordonnée qui mettra à contribution plusieurs partenaires et attribuera à chaque secteur la responsabilité d'agir. Mentionnons notamment les milieux de l'éducation, les organisations non gouvernementales, les entreprises privées, grandes et petites, les associations de gens d'affaires, les associations industrielles, les municipalités, les bibliothèques, les centres scientifiques, les centres de transfert de la technologie, les organismes de développement économique et les groupes communautaires. Un des principaux messages formulés encourageait de nouvelles formes de collaboration et de partenariat, soulignant la nécessité d'un travail concerté et de mesures appropriées pour créer au Canada un environnement plus propice à l'innovation.

À PROPOS DU PRÉSENT DOCUMENT

Le document intitulé *Les Canadiens, l'innovation et l'apprentissage* présente les réflexions, les idées et les préoccupations exprimées par la population du pays tout au long du processus. Il contient un résumé des points de vue qui contribueront à la formulation d'une stratégie qui doit durer 10 ans. Le public peut consulter dans le site Web de la *Stratégie d'innovation* (**www.strategieinnovation.gc.ca**) la plupart des rapports qui forment le présent document.

> **« N'importe qui peut innover. L'innovation est l'affaire de tous les Canadiens. »**
>
> Comité sur l'innovation de l'industrie des technologies océanologiques (Pacifique)

Les chapitres qui suivent résument le point de vue des différents groupes de Canadiens (groupes de participants) sur les principaux défis et les grands thèmes abordés dans les documents de la Stratégie, à savoir la R-D et la commercialisation; les systèmes d'apprentissage et d'immigration; les compétences; la fiscalité et la réglementation; la capacité d'innovation des collectivités.

Le chapitre 2 résume les conclusions et les recommandations issues des 33 sommets régionaux organisés par Industrie Canada et DRHC et d'un sommet rural organisé par le Secrétariat rural en collaboration avec ces deux ministères. Plus de 5 000 représentants des entreprises, du gouvernement, du secteur à but non lucratif, des milieux de la recherche et de l'éducation et des dirigeants communautaires ont participé à ces réunions. Le chapitre présente en outre les points de vue de plus de 100 particuliers qui se sont exprimés en ligne.

Le chapitre 3 expose les opinions de plus de 1 000 jeunes Canadiens qui ont pris part à plusieurs tables rondes et autres activités. Il traduit les espoirs, les aspirations et les préoccupations des chefs de demain et de la future population active du Canada, dont les principales priorités sont les compétences et l'apprentissage.

Le chapitre 4 rend compte des idées et des préoccupations des Canadiens autochtones, communiquées par l'intermédiaire de plus de 500 hommes et femmes autochtones qui ont participé aux sommets régionaux, aux tables rondes et aux ateliers sur les pratiques exemplaires. Le chapitre contient aussi l'information fournie dans les mémoires présentés par les entreprises, les organismes de développement économique et les organismes du secteur de la santé autochtones.

Le chapitre 5 résume le point de vue de quatre groupes distincts : les associations nationales de gens d'affaires, qui s'expriment au nom de centaines d'entreprises; les organismes de développement économique, qui travaillent au niveau local pour promouvoir le développement industriel et la croissance de l'emploi; les organisations syndicales, qui représentent des centaines de milliers de travailleurs canadiens; les conseils sectoriels, un consortium d'entreprises, de travailleurs et de membres des milieux universitaires qui s'attaque aux défis concernant les ressources humaines dans 26 industries.

Le chapitre 6 résume les points de vue de quelque 80 secteurs industriels. La partie A expose les opinions d'un large échantillon de secteurs, depuis l'exploitation des ressources et les activités et les services traditionnels de fabrication jusqu'aux domaines de pointe comme les biosciences, les sciences environnementales et la nanotechnologie. La partie B met en lumière le point de vue du secteur des technologies de l'information et des communications, notamment celui des sociétés de télécommunications, des fournisseurs et des utilisateurs. Le traitement distinct accordé au secteur des technologies de l'information et des communications dans ce chapitre tient à la fonction qu'il remplit en tant que moteur de l'innovation et au rôle important qu'il joue en ce qui a trait à la performance actuelle du Canada en matière de R-D.

Le chapitre 7 présente les conclusions d'un sondage en ligne mené auprès de petites et moyennes entreprises de toutes les régions du pays qui ont alors été invitées à émettre leur point de vue. Près de 500 propriétaires de petites entreprises se sont exprimés sur ce qui constitue à leur avis les priorités du Canada en matière d'innovation.

Le chapitre 8 présente la réaction des milieux de l'enseignement — les personnes et les organismes qui sont au cœur même des systèmes canadiens d'apprentissage et de création du savoir, systèmes que l'on désigne souvent par l'expression « noyau d'un système d'innovation ». Il s'agit notamment des représentants des universités, des collèges, des bibliothèques, des établissements de recherche, des conseils et commissions scolaires ainsi que des associations de professeurs, des associations d'étudiants et des groupes militant en faveur des apprenants et de l'éducation.

Le chapitre 9 présente les résultats des discussions intergouvernementales tenues avec les provinces et les territoires sur la *Stratégie d'innovation du Canada*.

Le chapitre 10 recense les grandes priorités qui ont suscité un consensus entre les groupes de participants et il résume les principales interventions et recommandations suggérées qui ont été formulées ou entérinées dans le cadre du processus de mobilisation.

L'annexe résume les principaux objectifs, cibles et jalons exposés en février 2002 dans les documents *Atteindre l'excellence* et *Le savoir, clé de notre avenir*.

NOUVELLES OCCASIONS DE PARTENARIAT

Enfin, il est important de rappeler aux lecteurs que les défis de l'innovation et de l'apprentissage qui attendent le Canada exigent une démarche nationale à long terme qui implique la formulation de priorités et d'interventions. Dans les documents de la *Stratégie d'innovation*, le gouvernement fédéral a proposé des interventions et s'est engagé à travailler avec les provinces et les territoires et d'autres partenaires à la réalisation des objectifs et des cibles fixés pour relever les principaux défis. Ces efforts concertés feront du Canada le meilleur endroit du monde où vivre et travailler et un chef de file dans des domaines comme l'investissement dans la R-D, la commercialisation et le perfectionnement des compétences. Les gouvernements provinciaux et territoriaux sont manifestement des partenaires essentiels pour aider à créer au Canada un environnement et une culture plus propices

à l'innovation. Ce sont des acteurs de premier plan dans le domaine vu les responsabilités qu'ils assument quant à l'éducation et à la formation, au perfectionnement de la main-d'œuvre, à la fiscalité et à la réglementation des valeurs mobilières ainsi que dans une multitude d'autres domaines influant directement sur la performance du Canada en matière d'innovation. Les gouvernements provinciaux et territoriaux affectent déjà d'importantes ressources à la promotion de l'innovation ainsi qu'à l'amélioration des compétences et des possibilités d'apprentissage. Tous conviennent qu'il faut encore faire davantage, compte tenu des fonds disponibles.

Comme les politiques des administrations municipales influent aussi sur la capacité d'attirer les ressources humaines et financières qui favorisent l'innovation, les autorités municipales doivent également être parties prenantes dans la démarche. La Fédération canadienne des municipalités a pris activement part au processus de mobilisation et elle a communiqué son point de vue au gouvernement du Canada sur ce qu'il faut faire en priorité pour combler l'écart qui existe dans les collectivités canadiennes sur les plans de l'innovation et de l'apprentissage. Les récentes discussions pourraient conduire à la formation de nouveaux partenariats qui amélioreraient la capacité d'innovation des collectivités.

Comme l'ont exprimé les gouvernements provinciaux et territoriaux, les universités et les collèges, les organismes syndicaux, les organismes du secteur privé qui font des travaux de R-D, les municipalités, le secteur bénévole et les groupes de développement économique, pour ne nommer que ceux-là, la volonté des intervenants de s'associer à une vision commune d'un Canada plus innovateur et dont la main-d'œuvre est plus qualifiée montre bien que les Canadiens sont prêts à aller de l'avant.

CHAPITRE 2

LE POINT DE VUE DES GENS DES RÉGIONS DU CANADA

PROCESSUS DE MOBILISATION

Du mois de mai au début d'octobre 2002, des sommets d'une journée ont eu lieu dans 33 collectivités de toutes les régions du Canada sur les priorités et les cibles proposées en matière d'innovation, l'objet étant de recommander des mesures en vue d'améliorer la performance des régions sur le plan de l'innovation. Un sommet spécial a été organisé afin de connaître le point de vue des collectivités rurales, en mettant l'accent sur les défis particuliers auxquels elles sont confrontées dans les régions éloignées et nordiques. Des tables rondes plus petites ont eu lieu dans certaines provinces. Des représentants des milieux d'affaires et de l'éducation, d'établissements de recherche, d'organismes sans but lucratif et d'administrations publiques ainsi que des particuliers et des dirigeants de la collectivité ont participé aux sommets. En outre, DRHC a tenu des tables rondes et des ateliers sur des thèmes particuliers propres aux groupes d'apprenants. Un atelier, organisé à Ottawa en juin 2002, visait à recueillir le point de vue des personnes handicapées sur les défis que présente pour eux le marché du travail. Enfin, les gens ont fait part de leur opinion sur les documents *Atteindre l'excellence* et *Le savoir, clé de notre avenir* au moyen des outils de consultation en ligne. En tout, plus de 5 000 Canadiens ont pris part au processus de mobilisation.

IMPRESSIONS GÉNÉRALES

Les participants se sont généralement entendus pour dire qu'il fallait agir. À quelques rares exceptions près, les collectivités et les gens ont souscrit vigoureusement à la liste des défis que le Canada doit relever, tels qu'ils sont présentés dans les documents *Atteindre l'excellence* et *Le savoir, clé de notre avenir*. Les participants ont appuyé le principe fondamental suivant lequel il faut créer une vaste culture de l'innovation au Canada, c'est-à-dire accroître les partenariats entre et parmi les administrations publiques, les secteurs de l'économie, tous les établissements d'enseignement et de recherche et les collectivités. Ils ont indiqué clairement que l'innovation ne se résume pas uniquement à la technologie de pointe, à la science et à la recherche : à leurs yeux, il est tout aussi important que les Canadiens innovent dans tous les secteurs de l'économie et dans les domaines du « développement des capacités » tels que l'éducation, la santé et les services sociaux. Dans le cadre des activités régionales et des tables rondes, bon nombre de participants ont manifesté la ferme volonté de donner suite aux idées formulées pendant les discussions. Les collectivités se sont dites résolues à se doter de plans d'innovation. Pour elles, le gouvernement crée des conditions qui permettront aux collectivités d'adopter et d'appliquer des stratégies d'innovation intégrées.

La majorité des participants ont par ailleurs reconnu que la souplesse s'impose — dans le cadre d'une démarche nationale visant à améliorer la performance du Canada sur le plan de l'innovation, démarche qui miserait sur les atouts des collectivités et des régions et répondrait à leurs besoins particuliers — tout en convenant qu'un « moyen universel » ne fonctionnerait pas. C'est le constat qui s'est dégagé des points de vue des participants aux sommets tenus dans les grands centres urbains, d'une part, et dans les collectivités plus petites, rurales et éloignées, d'autre part. Dans les centres urbains, les participants ont surtout insisté sur les difficultés qu'il y a à accéder au capital-risque et à un financement durable et suffisant pour accélérer la R-D et la commercialisation, et à utiliser les produits de l'innovation afin d'accroître la productivité. Dans les centres ruraux, nordiques et éloignés, par contre, les participants ont mis l'accent sur des besoins élémentaires, par exemple l'existence d'une infrastructure de base et la possibilité de profiter des services à large bande, sur l'accroissement des débouchés offerts aux jeunes afin d'en arrêter l'exode, et sur l'adoption d'incitatifs pour retenir les gens compétents. Bref, tandis que les grands centres voulaient miser sur ce qu'ils possédaient déjà pour améliorer leur capacité de soutenir la concurrence dans l'économie mondiale, les petits centres cherchaient des moyens de conserver ce qu'ils avaient et d'entrer dans l'économie mondiale.

Toutes les régions ont envisagé l'innovation dans son ensemble, et bon nombre souhaitaient vivement que le gouvernement améliore les incitatifs fiscaux en faveur du développement et de l'adoption de la technologie et l'accès au capital-risque, en particulier dans le cas des petites et moyennes entreprises à l'étape de la commercialisation. Dans au moins trois régions, les participants ont formulé les demandes suivantes : une amélioration de l'infrastructure et du financement de la recherche; l'accroissement et le renforcement des partenariats entre les chercheurs universitaires et les entreprises afin de faciliter le transfert de la technologie; l'amélioration des efforts pour attirer des immigrants compétents et accélérer les processus d'agrément et d'accréditation; l'adoption de mesures pour réduire les formalités administratives dans les administrations publiques et accélérer la réforme de la réglementation, en particulier pour appuyer les petites et moyennes entreprises; la mise en place d'un point d'accès unique aux programmes et aux services d'innovation;

le remaniement du système d'éducation afin qu'il appuie l'innovation et qu'il présente aux jeunes les débouchés existant dans l'entreprise. Lors des sommets tenus dans les localités rurales et du Nord, les participants ont insisté sur le fait qu'il est important que les Autochtones et les Inuits participent pleinement à la nouvelle économie.

Au cours de la séance de travail portant sur les défis que doivent relever les personnes handicapées, on a souligné l'importance de considérer ce groupe de personnes et celui des nouveaux arrivants au Canada comme étant d'intéressantes sources où le Canada peut puiser la main-d'œuvre qualifiée dont il a besoin. Les participants ont mis en relief le rôle clé que jouent les appareils et accessoires fonctionnels : outre que ceux-ci soient des innovations en eux-mêmes, ils permettent grandement d'améliorer l'accès des personnes handicapées aux possibilités d'apprentissage offertes dans les établissements d'éducation postsecondaire et en milieu de travail, et ils facilitent ainsi leur participation à l'économie du savoir.

Par le biais des outils de consultation en ligne, les gens ont eux aussi attaché une grande importance au soutien des petites et moyennes entreprises et à l'amélioration de leur accès au capital-risque. Ils étaient en faveur d'investissements accrus dans le domaine de l'éducation, notamment pour favoriser un plus grand accès à l'éducation postsecondaire et promouvoir la formation en milieu de travail et l'apprentissage continu. Ils ont recommandé de recourir au mentorat et aux programmes d'apprentissage de même que d'accroître les efforts pour reconnaître les titres de compétence étrangers et supprimer les obstacles à l'intégration des immigrants au marché du travail. En outre, les gens ont demandé un accès abordable aux services à large bande et ils ont demandé au gouvernement d'intensifier ses efforts pour inciter les Canadiens à prendre des risques — ce qui va souvent à l'encontre de leur nature — en faisant connaître les succès du Canada sur le plan de l'innovation, en sensibilisant plus les Canadiens au potentiel d'innovation de leur pays et en les amenant à y croire davantage. Voici les commentaires des régions canadiennes sur les quatre domaines de priorité, à savoir une main-d'œuvre qualifiée; la recherche, le développement et la commercialisation; le milieu de l'innovation; et les collectivités.

Alignement du système d'apprentissage en fonction des besoins du marché du travail

C'est l'alignement du système d'apprentissage en fonction des besoins du marché du travail qui a suscité le plus de recommandations de la part des participants aux tables rondes et aux sommets dans tout le pays ainsi que de nombreux mémoires de la part de particuliers. Ces personnes ont souligné maintes fois qu'il fallait améliorer l'accès à l'éducation postsecondaire pour surmonter les barrières géographiques et économiques; promouvoir davantage les débouchés qu'offrent les métiers spécialisés; et prendre des mesures pour accroître l'accès à l'éducation permanente et à la formation en milieu de travail. À leurs yeux, pour aligner davantage l'éducation postsecondaire et les programmes de formation et d'apprentissage continu sur les exigences du marché du travail en matière de compétences, il faut faire plus appel au mentorat, à des programmes d'apprentissage, à des stages et à des bourses de recherche. En Colombie-Britannique, les participants ont demandé qu'on offre aux étudiants plus d'occasions d'acquérir une « expérience véritable en milieu de travail », en renforçant les programmes d'enseignement coopératif et d'apprentissage. À Edmonton, les participants estimaient que le gouvernement du Canada met trop l'accent sur l'éducation universitaire. À vrai dire, toutes les régions ont vivement insisté sur le fait qu'il fallait intégrer les collèges, les écoles techniques et les métiers spécialisés au système d'apprentissage en faveur de l'innovation et en faire des volets clés de ce système.

À l'Île-du-Prince-Édouard, les participants ont suggéré une coopération intergouvernementale qui encourage l'apprentissage continu et un plus grand perfectionnement des compétences par l'intermédiaire de l'Entente sur le développement du marché du travail conclue avec le gouvernement fédéral. À Terre-Neuve

« Nous croyons que le fait d'établir un nouveau programme d'apprentissage de la technologie Internet pourrait aider à doubler le nombre d'étudiants terminant un programme d'accréditation au cours de la prochaine décennie. »

Computing Technology Industry Association

et à Regina, les participants ont recommandé d'élargir la portée de l'assurance-emploi pour couvrir aussi les compétences et la formation des travailleurs employés. En Nouvelle-Écosse, les participants ont proposé d'adopter des cibles pour l'éducation et la formation dans toute une gamme d'établissements et de programmes et, au Nouveau-Brunswick et en Alberta, ils ont préconisé d'alléger le fardeau imposé aux étudiants étrangers du niveau postsecondaire (par le biais des frais supplémentaires) et d'éliminer les restrictions visant les étudiants étrangers. Au Nunavut, où 40 p. 100 des habitants ont moins de 15 ans, les participants ont demandé qu'en matière de compétences et d'apprentissage, on adopte une démarche adaptée à leurs réalités démographiques et favorisant l'existence d'une masse critique de programmes d'apprentissage et de formation qui profiteront à l'économie locale.

À Winnipeg, les participants ont suggéré que l'industrie participe directement à l'élaboration des programmes d'études et, à Calgary, ils ont demandé un accroissement des partenariats et des alliances entre les organismes à vocation éducative et le secteur privé. À Windsor, les participants ont préconisé d'adapter les programmes d'études et l'équipement scolaire aux normes actuelles de l'industrie. Partout, les participants ont estimé que les incitatifs fiscaux pour les employeurs et les particuliers étaient des moyens clés de promouvoir le perfectionnement des compétences et l'apprentissage continu. Selon eux, il est essentiel de favoriser l'apprentissage à distance et le branchement à Internet au moyen d'un réseau à large bande pour surmonter les obstacles à l'accès. Dans le Nord de l'Ontario, les participants ont demandé l'intensification des efforts en vue d'améliorer la qualité de l'éducation et de la formation des adultes et, à Niagara, ils ont suggéré de créer des bourses de formation pour les métiers spécialisés.

Encore une fois, les tensions et les rivalités entre les diverses administrations publiques, le manque de coopération entre le gouvernement fédéral et les provinces, et la concurrence excessive entre les administrations publiques et entre les établissements d'enseignement ont été considérés dans la plupart des régions comme étant des obstacles importants aux investissements stratégiques dont le Canada a besoin dans les domaines de l'éducation et de la formation, et pour faire reconnaître les titres de compétence.

Les participants ont insisté sur le fait qu'il revenait aux employeurs de faire davantage en milieu de travail. Ils estimaient que, trop souvent, les employeurs considéraient les sommes affectées à l'apprentissage ou aux ressources humaines comme une charge plutôt que comme un investissement ou un avantage. Par ailleurs, les représentants du milieu des affaires ont souligné qu'il ne fallait pas oublier les réalités du cycle économique et les différences entre les secteurs d'activité, et qu'il fallait faire réaliser des économies d'échelle aux petites et moyennes entreprises. Bon nombre des participants se sont dits favorables à l'attribution d'un rôle aux conseils sectoriels à ce chapitre.

Selon les participants, la reconnaissance de l'apprentissage en milieu de travail constitue un élément clé du régime d'acquisition des compétences. Ils ont souligné toutefois que toutes les provinces ne reconnaissent pas également ce type d'apprentissage, ce qui crée un obstacle de taille. Les participants se sont dits favorables à l'élaboration éventuelle de normes nationales et de moyens pancanadiens de reconnaissance de l'apprentissage en milieu de travail. Ils ont souligné que cela exigera l'engagement et le leadership du gouvernement, de l'industrie, des conseils sectoriels, des établissements d'enseignement et d'autres organismes.

Les participants ont aussi convenu que le Canada devait accroître le nombre de programmes d'apprentissage; c'est là une question, ont-ils souligné, qui se pose depuis au moins dix ans. À leurs yeux, le « problème de l'image » constituait un problème omniprésent, et il faudrait adopter une stratégie à long terme pour présenter les programmes d'apprentissage comme étant des choix de carrière viables. Ils ont ajouté qu'il est souvent trop difficile, surtout pour les immigrants, de s'inscrire à un programme d'apprentissage, ce qui limite la capacité du Canada de profiter pleinement des métiers spécialisés et des compétences professionnelles que les immigrants apportent au pays.

Intégration dans la population active
Dans toutes les régions, les participants ont fait part de la nécessité d'abattre les obstacles auxquels sont confrontés des groupes clés comme les personnes handicapées, les Autochtones et les immigrants. Ils ont réclamé à maintes reprises des stratégies qui attireront et retiendront au Canada des immigrants hautement qualifiés et qui accéléreront l'intégration de talents étrangers au marché du travail canadien en améliorant le système de reconnaissance des titres de compétence étrangers. Toutefois, il serait injuste, selon un grand nombre de gens, de se concentrer uniquement sur les immigrants très instruits, car cela équivaudrait à une discrimination contre les ouvriers spécialisés ou les personnes ne détenant pas de titres de compétence officiels. Les participants voulaient une évaluation de « l'ensemble de la personne », et plusieurs ont demandé qu'on affecte plus de fonds à l'enseignement des langues et aux services d'établissement. À Toronto, on a recommandé l'adoption d'une stratégie d'innovation parallèle pour les Autochtones, stratégie qui mettrait notamment l'accent sur les jeunes.

Au Québec, les participants ont fait valoir qu'il faut maximiser les contributions de tous les segments de la société, en insistant pour que la *Stratégie d'innovation* tienne compte du fait qu'un grand nombre de personnes de la génération du baby-boom prendront bientôt leur retraite, privant ainsi le marché du travail de leurs compétences et de leur savoir à un moment où la demande de main-d'œuvre spécialisée augmentera. Cette cohorte « à la veille de la retraite » a été aussi décrite comme étant une source clé de mentors.

Dans leurs observations, des gens ont à maintes reprises fait état d'obstacles à la formation des adultes et au perfectionnement des compétences, et ils ont notamment mentionné le temps et le coût. Ils ont suggéré qu'on offre plus de programmes d'apprentissage en ligne et qu'ils soient améliorés. Ils ont aussi préconisé qu'on encourage davantage les employeurs à mieux répondre aux besoins d'apprentissage des travailleurs. Bon nombre de gens ont réclamé des outils d'autoévaluation, à l'aide desquels les adultes pourraient cerner eux-mêmes leurs besoins d'apprentissage, et un processus d'accréditation normalisé grâce auquel ils sauraient qu'ils accèdent à d'excellents programmes et services d'acquisition de compétences et d'apprentissage. D'autres gens ont estimé que l'État devrait subventionner entièrement l'éducation postsecondaire en affectant à l'éducation un pourcentage précis du Transfert canadien en matière de santé et de programmes sociaux (aux provinces et aux territoires), et qu'il encourage les employeurs à consentir des prêts aux étudiants.

RECHERCHE, DÉVELOPPEMENT ET COMMERCIALISATION

Recherche-développement

Dans toutes les régions, les participants aux sommets ont demandé une meilleure coordination et une collaboration accrue entre l'industrie, le milieu universitaire et les pouvoirs publics en ce qui a trait au financement de la recherche et de l'infrastructure de la recherche, et une démarche plus cohérente et mieux coordonnée au chapitre des politiques et de la réglementation visant la recherche. Ils estimaient en outre qu'il était essentiel de favoriser l'existence d'un contexte d'investissement propice à l'innovation afin de créer, par l'entremise de la recherche pure et appliquée, le savoir sur lequel repose l'innovation.

Dans les provinces de l'Atlantique, les participants ont indiqué que les cibles étaient difficiles à comprendre et qu'elles n'étaient pas assez précises. En Nouvelle-Écosse, ils ont déclaré qu'il fallait améliorer la représentation régionale dans les organismes nationaux de financement de la recherche. Au Québec, les participants ont fortement insisté sur la nécessité de reconnaître le potentiel d'innovation dans les industries dites « traditionnelles » et dans le secteur primaire, qui constituent le moteur économique de certaines localités, tout comme on reconnaît l'importance de la technologie de pointe dans les grands centres. À Terre-Neuve, les participants ont mis l'accent sur l'importance d'encourager la recherche et l'innovation dans le secteur des ressources naturelles ainsi que de financer et d'appuyer la recherche dans les petites universités pour retenir les jeunes dans les collectivités et les régions qui ont besoin de leurs talents pour engendrer des connaissances. Au Nouveau-Brunswick, les participants ont également insisté sur ce point, en soulignant aussi que les universités avaient besoin d'un soutien financier accru pour payer les frais indirects de la recherche. Dans les régions rurales et du Nord de l'Ontario, les participants ont mis en relief le rôle des réseaux et de l'infrastructure de transport et celui des services à large bande dans la création du savoir. Ils ont également proposé de rationaliser le financement de la recherche et d'établir un équilibre plus équitable entre la recherche pure et la recherche appliquée.

Dans toutes les régions, les participants ont mentionné à maintes reprises le manque de coordination entre les ordres de gouvernement dans le domaine de la création du savoir. Les conflits de compétence perçus suscitaient manifestement un grand mécontentement. À Windsor, ils estimaient que le manque de coordination expliquait la complexité inutile des structures de mise en œuvre, l'insuffisance de l'obligation de rendre compte et l'incompatibilité des programmes. À Hamilton, les participants ont fait un lien entre le manque de coordination, d'une part, et les barrières commerciales interprovinciales et le manque évident de souplesse institutionnelle, d'autre part. À Toronto, les participants ont jugé qu'un manque de coordination entre les ministères fédéraux et au sein de ces derniers faisait obstacle à la performance sur le plan du savoir; ils ont aussi fait valoir la nécessité de clarifier et d'harmoniser les programmes de tous les ordres de gouvernement et de simplifier l'accès à ces programmes. À Calgary, les participants ont mentionné que les gouvernements et les universités travaillent en vase clos et, à Saskatoon, ils ont dit qu'il existe un trop grand nombre de programmes de financement de la recherche et que, par conséquent, trop de fonds sont consacrés à l'administration au lieu d'être investis dans la recherche. À Winnipeg, les participants ont convenu que le manque de collaboration entre les programmes fédéraux et provinciaux de financement de la recherche nuit au progrès. À Thunder Bay, Sudbury et Vancouver, les participants ont demandé qu'il y ait une seule source d'accès au financement de la recherche et qu'elle soit dotée de conseillers qui aident les entreprises à comprendre les processus de demande à suivre dans le cadre des programmes gouvernementaux.

Les participants aux tables rondes tenues à Calgary et à Regina ont convenu que la *Stratégie d'innovation* proposée n'avait aucune dimension sociale, bien que l'innovation sociale soit essentielle, notamment pour assurer la participation des groupes défavorisés de la population, comme les Autochtones et les nouveaux arrivants au Canada. Dans les collectivités du Nord, les participants ont souligné la nécessité de mieux renseigner les Canadiens au sujet du Nord, afin d'y attirer des gens qui sauront en apprécier les avantages.

Commercialisation

Les participants ont souvent recommandé que l'on offre des incitatifs plus nombreux et meilleurs pour l'application des produits de l'innovation, en particulier par le biais de mesures fiscales. Selon eux, le succès de la commercialisation repose en grande partie sur un régime fiscal qui favorise et qui récompense l'innovation. À Waterloo, à Kitchener et à Guelph, les participants ont recommandé d'améliorer les incitatifs pour la commercialisation des innovations encore jamais vues dans le monde. À Thunder Bay et à Sudbury, ils ont proposé d'offrir aux petites et moyennes entreprises des incitatifs fiscaux à la R-D.

Les participants ont maintes fois répété que l'accès aux capitaux était insuffisant, en particulier pour les petites et moyennes entreprises. À Windsor, ils ont convenu que le Canada manquait grandement de prêteurs disposés à prendre des risques et, dans l'Est de l'Ontario comme à Windsor, ils ont insisté sur le fait que le Canada a besoin de « capitaux patients » accrus, car la période sur laquelle s'échelonne une aide financière suffisante importe au moins tout autant que le montant de l'aide. Les participants au sommet d'Ottawa-Gatineau ont eux aussi insisté sur ce point. En Nouvelle-Écosse, les participants ont notamment recommandé de susciter un milieu de l'investissement qui encourage les investissements à risque élevé dans la période menant à la commercialisation des produits. Dans plusieurs des sommets tenus au Québec, les participants ont exprimé la même opinion.

À tous les sommets régionaux, on a recommandé de soutenir davantage le transfert de la technologie grâce à un accroissement de la coopération entre les universités et l'industrie. En outre, ce point revenait dans les observations des gens. Selon eux, le gouvernement devait créer un organisme bénéficiant d'un financement distinct pour faciliter la commercialisation de la recherche universitaire. Ils estimaient en outre que les chercheurs commerciaux devaient participer davantage à la recherche universitaire.

MILIEU DE L'INNOVATION

Les participants à tous les sommets régionaux ont formulé des idées sur la réforme fiscale et la réforme de la réglementation, et ils ont généralement envisagé d'un point de vue global ce qui constitue un milieu propice à l'innovation. Dans le Nord de l'Ontario, par exemple, les participants ont évoqué la nécessité d'attraits culturels et d'une grande qualité de vie en général pour attirer les personnes qui stimulent l'innovation. Il a souvent été dit qu'il est important d'avoir une culture de l'innovation.

Plusieurs participants ont également proposé que l'on aide les Canadiens à mieux comprendre ce qu'est la propriété intellectuelle. Dans la majorité des sommets régionaux, les participants ont réclamé la modification du régime fiscal et de la réglementation de manière à mieux soutenir et récompenser toutes les formes d'innovation et d'entrepreneuriat.

> *« Le Canada accuse un retard sur les États-Unis pour ce qui est d'accorder des incitatifs fiscaux aux microentreprises et aux gens. L'innovation naît dans l'esprit de la personne, et non dans les salles de réunion des grandes sociétés commerciales. Il importe de procurer aux particuliers les encouragements et les allégements dont ils ont besoin pour innover. Ensuite, les grandes entreprises peuvent entrer en scène et agir. »*

Présentation d'un particulier

Par ailleurs, selon les participants, l'infrastructure est un élément indispensable au milieu de l'innovation, en particulier l'accès à des services haute vitesse à large bande et les systèmes de transport locaux. Dans le Nord, les participants ont cerné des besoins encore plus fondamentaux en matière d'infrastructure, par exemple, l'accroissement du nombre d'ordinateurs et le branchement à Internet à un prix abordable. Ils ont proposé que l'on aide plus les entrepreneurs, notamment en ce qui concerne la planification d'entreprise, le marketing et les renseignements sur l'accès au financement.

Mesures fiscales

Dans toutes les régions, les participants aux sommets ont fait part de la nécessité d'introduire des incitatifs fiscaux plus efficaces pour stimuler l'innovation, en ajoutant souvent qu'il fallait réduire les formalités administratives et harmoniser la réglementation entre les trois ordres de gouvernement. À Terre-Neuve, les participants ont demandé une réforme des régimes fiscaux afin d'attirer de nouveaux investisseurs et des investisseurs de capital-risque. En Nouvelle-Écosse, ils ont réclamé un crédit d'impôt pour les investisseurs providentiels. Au Québec, beaucoup ont demandé l'harmonisation des politiques d'innovation entre les pouvoirs publics, la simplification du programme de crédits d'impôt à la R-D et la possibilité pour un plus grand éventail d'entreprises d'accéder à ce dernier. En outre, les participants ont proposé de créer des incitatifs fiscaux pour attirer des chercheurs et des professeurs étrangers.

En Ontario, les participants ont estimé qu'il fallait aligner le régime fiscal sur le contexte mondial pour que les entreprises canadiennes puissent soutenir la concurrence internationale. Toutefois, dans les petites localités de cette province et dans les collectivités rurales et du Nord, les participants ont demandé des taux d'imposition plus concurrentiels que ceux appliqués dans les grands centres, car les affaires y coûtent plus cher. En plus des dégrèvements fiscaux et des crédits d'impôt consentis aux investisseurs, les participants ont proposé de créer des parcs de recherche technologique et des zones franches, pour aider à mettre sur le marché les produits de l'innovation issus des laboratoires, et l'établissement de crédits d'impôt à la formation pour encourager le perfectionnement du capital humain qu'exige l'innovation. La demande de réformes fiscales ne s'adressait pas uniquement au gouvernement fédéral. À Edmonton, par exemple, les participants ont demandé au gouvernement de l'Alberta d'offrir des crédits d'impôt à la R-D égaux à ceux du gouvernement fédéral et des contributions égales à celles du Programme d'aide à la recherche industrielle.

Réforme de la réglementation

En général, les participants étaient d'avis que les réformes réglementaires requises de toute urgence ne pouvaient attendre l'an 2010. Dans toutes les régions, les participants voulaient que les gouvernements agissent plus rapidement dans ce domaine; selon eux, cela était essentiel pour que le gouvernement puisse mieux suivre la cadence des entreprises axées sur l'innovation. À Kitchener, Waterloo et Guelph, les participants ont demandé qu'un examen de la réglementation touchant les entreprises commence dans les trois mois suivants. De plus, ils estimaient que les gouvernements pouvaient aider à accélérer la commercialisation des bonnes idées en harmonisant leurs règlements respectifs entre eux.

À Terre-Neuve, les participants ont demandé que les gouvernements passent d'une réglementation normative à une réglementation axée sur la performance et, en Nouvelle-Écosse, ils ont proposé que les quatre provinces de l'Atlantique harmonisent leurs réglementations respectives. À Windsor, les participants ont soutenu que le manque d'harmonisation entre les réglementations du Canada et des États-Unis nuit à l'innovation et, à Hamilton, ils ont mentionné que les barrières commerciales interprovinciales et internationales entravent considérablement l'innovation. À Toronto, les participants estimaient que le manque de concordance entre les politiques réglementaires fédérales et provinciales, y compris dans le domaine de l'immigration, gêne l'innovation. Selon eux, l'élaboration de données de référence internationales est importante pour appuyer la modernisation de la réglementation. À Saskatoon, les participants ont demandé une réglementation novatrice et, à Winnipeg, ils ont fait valoir qu'une fois que le gouvernement aurait créé le bon environnement réglementaire, le marché pouvait faire le reste.

RENFORCEMENT DES COLLECTIVITÉS

Dans les diverses régions, outre que tous les participants disaient souhaiter que l'accès aux services à large bande existe dans toutes les parties du Canada, ils approuvaient fortement que l'on s'occupe de l'infrastructure de base (routes, écoles et hôpitaux) qui soutient l'innovation. Ils ont aussi demandé qu'il y ait un équilibre entre les investissements dans l'infrastructure des télécommunications et ceux faits dans les éléments d'infrastructure de base. En Colombie-Britannique, dans les Prairies, au Québec, dans le Nord de l'Ontario et dans les provinces de l'Atlantique, les participants souhaitaient l'élimination des désavantages inhérents au dispersement de la population.

Parallèlement, l'infrastructure dite « traditionnelle » a été un thème commun, tout comme la nécessité de mettre l'accent sur la mobilisation des talents, en particulier parmi les groupes défavorisés et dans les régions rurales du pays en particulier dans les groupes défavorisés et dans les régions rurales du pays.

Les participants au sommet rural citaient comme obstacle important au développement économique le manque d'infrastructure matérielle et sociale. Il faut s'efforcer d'encourager et de soutenir les activités éducatives et de formation novatrices dans ces collectivités, afin de surmonter la pénurie de possibilités d'acquisition de compétences que connaissent les jeunes, les professionnels et les gens de métier. Les dirigeants des collectivités rurales et nordiques étaient favorables à la poursuite du Programme d'accès communautaire et demandaient que l'on redouble d'efforts pour encourager la formation de réseaux et une collaboration entre les universités, les pouvoirs publics et les entreprises.

Édifier des collectivités d'apprenants

Plusieurs ateliers de DRHC ont encouragé les participants à débattre du concept particulier des collectivités d'apprenants. Il pouvait s'agir d'une région géographique ou d'une communauté d'intérêts, où l'apprentissage continu est un principe d'organisation qui prépare les membres à l'économie du savoir. Les collectivités d'apprenants mobiliseraient le savoir, les compétences et, dans certains cas, la technologie pour atteindre des objectifs tels que le perfectionnement des compétences de leurs membres en vue de réduire les disparités et les divisions socio-économiques. À mesure que les collectivités développeraient leurs capacités, la qualité de vie globale s'améliorerait au Canada.

Les participants estimaient qu'on pouvait parvenir à un développement socioéconomique durable avantageux pour tous les citoyens en favorisant et en organisant des ressources d'apprentissage formel et informel en fonction des buts de la collectivité. Au lieu de se concentrer uniquement sur la période importante des études scolaires, les collectivités d'apprenants intégreraient les liens entre l'apprentissage formel et informel pour reconnaître les mérites de toutes ses formes tout au long de la vie de l'individu et dans tous les contextes, y compris au foyer, dans la collectivité et au travail. Il incombe à toute la collectivité, y compris tous les ordres de gouvernement, les entreprises, les groupes communautaires et les syndicats — non pas seulement les établissements d'enseignement, qui envisagent souvent l'apprentissage sous un angle plus étroit — d'encourager l'acquisition continue du savoir.

Selon les participants, le manque de reconnaissance des compétences acquises à l'extérieur des structures formelles limite souvent les perspectives de la personne. Une évaluation préliminaire des modes d'apprentissage et la reconnaissance des titres de compétence étrangers élimineraient certains des obstacles à l'apprentissage et au perfectionnement des compétences.

Les participants ont parlé à maintes reprises de la nécessité de promouvoir l'intégration sociale de sorte que tous les citoyens, y compris les personnes handicapées, les chefs de famille monoparentale, les Autochtones, les immigrants récents, les travailleurs à faible revenu et les bénéficiaires de l'assurance-emploi et de l'assistance sociale, puissent contribuer à la vie de leur collectivité. À ce chapitre, ils ont fait valoir qu'il était impossible de poursuivre des études à moins d'avoir satisfait aux besoins de base et qu'il était inutile de chercher à acquérir des compétences techniques et en gestion si l'on ne possédait pas des compétences essentielles. De nombreux participants ont convenu qu'il fallait réduire les obstacles personnels (manque de temps, obstacles financiers et crainte suscitée par le système d'apprentissage) et les facteurs qui dissuadaient les employeurs d'encourager l'apprentissage (par exemple, les charges fiscales et le système d'assurance-emploi). Au cours de l'atelier sur les difficultés auxquelles se heurtent les personnes handicapées sur le marché du travail, on a souligné qu'il fallait éliminer les éléments économiques qui découragent la participation à la vie active (par exemple, séparer les prestations d'invalidité de l'assistance sociale). D'autres commentaires ont souligné la nécessité d'accroître la capacité des collectivités d'encourager l'inclusion des personnes handicapées, notamment en améliorant la prestation des services, en appuyant le travail autonome, en développant les compétences préalables à l'emploi et en mettant sur pied un centre-carrefour du genre guichet unique qui offrirait aux handicapés un accès aux programmes et aux services d'employabilité.

Pendant la table ronde de DRHC sur les enfants, les participants ont souligné que l'innovation sociale ne devait pas « passer au second plan » par rapport à l'innovation économique. Ils ont affirmé que la croissance économique passe obligatoirement par la création d'une société inclusive. Ils ont insisté sur la nécessité de se pencher sur les aspects du travail (par exemple, le salaire minimum, les heures de travail et les congés pour responsabilités familiales) qui influent directement sur la capacité des parents et des familles de soutenir l'éducation et le développement de leurs enfants. Afin de vraiment faire une différence, il importe, selon les participants, de prêter attention aux éléments qui favorisent le sain développement de l'enfant, y compris le temps que les parents y consacrent et le revenu familial.

Encourager la croissance des filières

Dans l'ensemble, on appuyait le concept de la création de filières (ou grappes) ou de centres d'innovation, mais un grand nombre de participants aux tables rondes régionales ont souligné qu'il ne fallait pas nécessairement qu'elles soient dans de grands centres ou des centres urbains. Les filières virtuelles ont suscité autant, voire davantage d'attention. En fait, à certains endroits, les participants ont fait valoir que les filières virtuelles favorisaient la participation des régions « démunies », surtout si elles bénéficiaient de l'appui d'infrastructures de transport et de communication transrégionales de classe internationale, précisément parce qu'elles n'étaient pas limitées à un lieu géographique. Ce point de vue était aussi manifeste dans les observations des gens, selon qui la technologie devait permettre de transcender les limites géographiques. Certains ont estimé que le Canada devait songer à participer à des filières transnationales axées sur l'excellence et l'innovation. Lors de plusieurs sommets régionaux, les participants ont réclamé des stratégies d'appui des filières. En Ontario, les participants ont demandé des filières régionales qui, dans des secteurs bien particuliers, pourraient être reliées à des installations de R-D. En Colombie-Britannique, les participants ont déclaré que, dans les régions rurales, on pourrait encourager la formation de filières dans les secteurs de croissance tels que les technologies océanologiques, la foresterie, les piles à combustible, les sciences de la vie et les télécommunications sans fil. En Nouvelle-Écosse, les participants ont demandé au gouvernement de s'assurer que ses propres politiques d'approvisionnement favorisent le développement de filières et de collectivités et, à Terre-Neuve, ils ont proposé que l'on appuie le développement de filières d'innovation en constituant des conseils consultatifs provinciaux. Lors de divers sommets tenus au Québec, les participants se sont dits fortement en faveur de l'organisation de structures locales en réseaux régionaux de l'innovation.

Dans le Nord de l'Ontario, les participants ont proposé d'établir un fonds de capital-risque régional privé et, ailleurs dans cette province, ils ont estimé essentiel que les entreprises montrent la voie à suivre quant au perfectionnement des compétences pour favoriser le développement de la capacité d'innovation locale. À Toronto, les participants se sont grandement souciés de l'absence d'une culture de l'innovation et ils l'ont attribuée au laxisme et au fait que l'on misait trop sur la faiblesse du dollar canadien. En Ontario et dans l'Ouest, les participants ont demandé aux municipalités d'intervenir davantage pour faciliter l'innovation au niveau local et de mettre l'accent plus vigoureusement sur l'innovation sociale; à Calgary, les participants ont estimé que c'était là un moyen fondamental pour réduire les écarts entre les revenus et s'attaquer à la pauvreté et à l'analphabétisme.

Encore une fois, au cours de ces ateliers, de nombreux participants ont soutenu que le gouvernement devrait subventionner les petites collectivités pour leur permettre d'élaborer des stratégies d'innovation adaptées à leur situation. En outre, les participants ont déclaré que les organismes municipaux, régionaux, provinciaux et fédéraux pourraient collaborer bien plus pour réduire ainsi les chevauchements et promouvoir l'adoption de systèmes efficaces qui aident les collectivités à atteindre rapidement leurs buts. Dans ce contexte, ils ont déclaré que le gouvernement fédéral a un rôle important à jouer en faisant connaître les pratiques exemplaires dans tous les secteurs. Ils croyaient fermement que le Canada réussirait à construire des collectivités novatrices dans la mesure où il saurait respecter la diversité culturelle, sociale et géographique dans tout son territoire.

Enfin, à de nombreux niveaux, les participants régionaux ont souligné qu'il fallait déployer des efforts (publicité et marketing) pour attirer des talents et des investissements, et sensibiliser davantage les gens à l'importance de l'innovation au niveau local. Ainsi, un plus grand nombre de personnes sauront faire le lien entre l'innovation et leur vie quotidienne, et verront comment elle contribue à leur qualité de vie.

> *« Une aide ciblée du gouvernement favorisant l'innovation et l'apprentissage aura de nombreuses retombées positives sur le Canada — par exemple, des emplois très rémunérateurs et intéressants, une augmentation des recettes fiscales et des avantages économiques, ainsi que la création d'une culture d'entrepreneurs et de gestionnaires hautement qualifiés. »*
>
> Peter Goodhand, président, MEDEC — Les sociétés canadiennes de technologie des dispositifs médicaux

CHAPITRE 3

LE POINT DE VUE DES JEUNES CANADIENS

PROCESSUS DE MOBILISATION

Différents types de discussions ont été organisés pendant l'été 2002 afin de recueillir le point de vue des jeunes Canadiens sur la *Stratégie d'innovation du Canada*. DRHC a organisé une table ronde qui a réuni 32 Canadiens âgés de 16 à 29 ans. Par ailleurs, 400 autres Canadiens âgés de 20 à 32 ans ont participé à une série de 14 tables rondes régionales organisées par Canada25, organisme de bénévoles, sans but lucratif, ayant pour mandat de faire participer les jeunes Canadiens à des débats sur la politique gouvernementale. Le Youth Action Council on Sustainable Innovation (YACSI) a interrogé 241 jeunes exceptionnels sur leur attitude à l'égard de l'innovation. (Le YACSI travaille avec des jeunes âgés de 2 à 25 ans afin de contribuer à l'instauration d'une culture de l'innovation.) L'Alma Mater Society de l'Université de la Colombie-Britannique a réuni 50 étudiants pour parler de l'innovation, et la Chambre de commerce de Saskatoon a tenu une séance avec 13 de ses membres pour examiner les défis qui

> « *L'école entrave l'innovation. Certains programmes forcent [les étudiants] à répéter les mêmes choses, à régurgiter l'information [...] et leur enseignent [...] à raisonner de manière trop structurée et en ne leur permettant pas de penser par eux-mêmes.* »
>
> Rapport du Youth Action Council for Sustainable Innovation

se posent au Canada en matière d'innovation. La Young Inventors International et la Fondation sciences jeunesse Canada ont fait part de commentaires supplémentaires dans les mémoires qu'elles ont remis.

La majorité des observations et commentaires formulés par les jeunes Canadiens portaient sur les compétences, l'alignement du système d'apprentissage sur le marché du travail et l'accès au marché du travail. Cependant, les jeunes ont également présenté des suggestions dans d'autres domaines de la performance sur le plan de l'innovation, y compris la R-D et la commercialisation, la réglementation et la fiscalité, et la capacité des collectivités.

COMPÉTENCES ET APPRENTISSAGE

Les jeunes de tous les groupes d'âge étaient surtout préoccupés par des problèmes d'éducation et de compétences. Tous les groupes ont insisté sur la nécessité du mentorat dans le cadre éducatif et en milieu de travail (parallèlement aux programmes de stage et d'alternance travail-études), et ils ont réclamé plus d'information pour pouvoir prendre de meilleures décisions en matière d'éducation et de carrière, et ce, dans tous les domaines. Ils s'inquiétaient également de l'état du système éducatif, et tous recommandaient d'augmenter le financement public de l'éducation. Les critiques des moins jeunes (de 24 à 32 ans) visaient surtout le système d'enseignement postsecondaire et les réformes destinées à rendre le Programme canadien de prêts aux étudiants plus équitable. Pour beaucoup, les établissements d'enseignement postsecondaire doivent proposer des programmes novateurs. En outre, ils estimaient que des cours où il y a plus de 1 000 inscrits ne sont pas propices à l'apprentissage.

Les jeunes souhaitaient également de meilleures relations avec les conseils sectoriels afin de mieux cerner les compétences nécessaires pour de futurs emplois; des mesures d'encouragement qui incitent les employeurs à investir dans la formation des employés; et des niveaux élevés d'investissement dans les budgets de fonctionnement de base des établissements d'enseignement postsecondaire.

Au nombre des questions soulevées par les jeunes figuraient les suivantes :

- Les responsabilités financières et l'endettement croissant qui découragent les jeunes Canadiens de suivre des études postsecondaires à une époque où cela est primordial.

- Le manque d'exposition à un éventail suffisamment large de possibilités éducatives et professionnelles. D'après les participants, cet éventail est nécessaire pour assurer une main-d'œuvre instruite et aux compétences diverses. Les jeunes Canadiens ont expliqué qu'à l'heure actuelle, on les dirige vers les universités et les programmes de sciences et de technologie, mais que les jeunes gens devaient pouvoir envisager bien d'autres options. Ils ont souligné qu'on leur parlait très peu des métiers spécialisés et que la plupart d'entre eux n'étaient pas au courant de ces possibilités de carrière, sauf si quelqu'un dans leur famille exerçait un tel métier. De même, ils ne sont pas informés des possibilités d'études supérieures existantes.

- Des conseils d'orientation, un encadrement et un mentorat insuffisants dans le processus de planification de la carrière après les études postsecondaires. D'après les jeunes, leurs enseignants et leurs conseillers d'orientation professionnelle sont débordés de travail, à un moment où il est de plus en plus difficile de s'y retrouver dans les possibilités offertes dans le système d'enseignement postsecondaire et où le marché du travail moderne est plus complexe que jamais.

- Des niveaux de financement insuffisants pour le système d'éducation canadien. D'après les jeunes, à l'heure actuelle, les niveaux de financement ne sont ni concurrentiels à l'échelle mondiale ni proportionnels à l'importance accordée au système d'éducation, qui doit produire les ressources les plus nécessaires dans une économie du savoir, autrement dit, des personnes compétentes et instruites.

- Absence d'encouragement à la réflexion novatrice et à l'imagination créatrice dans le système d'éducation actuel. Les enseignants mettent l'accent sur les bonnes et les mauvaises solutions plutôt que sur les stratégies de résolution de problèmes, et ils aident trop les étudiants, ce qui les empêche de réfléchir par eux-mêmes.

- Les possibilités de participer à la recherche se présentent normalement dans le deuxième cycle universitaire. Il faudrait penser plus à appuyer des programmes de recherche du premier cycle.

- Les jeunes Autochtones ont expliqué que, dans le Nord, beaucoup de jeunes n'avaient pas l'intention d'aller au collège ou à l'université, car ils ne souhaitaient pas quitter leur collectivité d'origine et leur milieu culturel pour poursuivre des études postsecondaires ailleurs. Plus de possibilités d'apprentissage en ligne de bonne qualité seraient appréciées.

Pour relever ces défis, les jeunes Canadiens ont formulé diverses recommandations visant trois domaines clés : l'accès à l'éducation, les compétences et le perfectionnement, et l'entrée sur le marché du travail.

Éducation — Accès à l'information et au financement

Les jeunes demandaient qu'un système de mentorat plus structuré soit mis en place pour les adolescents encore à l'école secondaire. Ce système aiderait les élèves à établir une série d'objectifs sur le plan éducatif et professionnel qui leur permettraient de rester concentrés de sorte que, lorsqu'ils passeront à des études supérieures, ils auront le sentiment d'apprendre dans un but précis. Le mentor devrait également mettre à contribution ses réseaux personnels et professionnels pour exposer le jeune à autant de possibilités de travail différentes que possible. Les participants à la table ronde du groupe des 16 à 19 ans ont parlé des salons de l'emploi, où ils avaient l'occasion de parler à des gens qui travaillent dans différents domaines. Ils ont également proposé d'élaborer une base de données réunissant des profils d'emploi avec une biographie de personnes qui occupent ces postes, ce qui permettrait d'avoir une meilleure idée du cheminement de carrière.

Les participants ont également proposé que l'on mette sur pied plus de programmes d'enseignement postsecondaire « hybrides » sanctionnés par un diplôme, afin que les jeunes puissent apprendre à « penser » et à « agir » en même temps, obtenir leur diplôme plus rapidement et tirer meilleur parti de leur investissement dans des études postsecondaires. Ainsi, on pourrait créer plus de programmes travail-études. Les participants ont également demandé des améliorations dans le téléenseignement, tout en reconnaissant que la technologie ne constituait qu'une partie de la solution concernant l'accès et ne remplaçait pas nécessairement l'immersion dans un milieu d'apprentissage.

D'après les jeunes, il est important d'encourager la « circulation des cerveaux » en donnant à un plus grand nombre d'apprenants canadiens accès à des expériences internationales et à des possibilités d'études à l'étranger. Il faudrait également offrir davantage de possibilités d'enseignement interdisciplinaire et multiculturel, par exemple, en combinant des cours en génie et en affaires dispensés par des professeurs des deux départements ou en faisant venir des chefs de file nationaux et mondiaux dans des établissements canadiens.

Les jeunes ont suggéré également d'améliorer l'infrastructure des communications à l'intention des collectivités autochtones et, plus important encore, de renforcer la capacité des collectivités d'offrir de manière durable des programmes de téléenseignement et d'apprentissage en ligne. Plusieurs établissements proposent des programmes de cours par voie électronique permettant aux étudiants de premier cycle de finir leurs études sans avoir à jamais mettre les pieds dans une salle de classe. Les jeunes avaient le sentiment qu'en constituant un réseau solide au sein de ces collectivités et en apprenant à leurs membres à se servir au mieux de l'infrastructure des communications, on donnerait plus de chances aux jeunes Autochtones de participer à l'économie du savoir sans avoir à renoncer à leur mode de vie.

« Nous pensons que, pour relever le défi de l'innovation et mettre en œuvre avec succès sa Stratégie d'innovation, le gouvernement doit avant tout reconnaître le besoin primordial d'instaurer une culture de l'innovation au Canada, en particulier chez les adolescents. »

Fondation sciences jeunesse Canada

Enfin, d'après les jeunes, il est nécessaire d'accroître le budget de fonctionnement de base des collèges et des universités afin qu'ils se dotent d'un corps professoral, de bibliothèques et de laboratoires satisfaisants. À ce propos, les professeurs devraient commencer à raisonner davantage comme des entrepreneurs et s'efforcer d'être des chefs de file en matière d'innovation. Les jeunes ont également souligné qu'il faudrait investir plus dans l'infrastructure nécessaire aux collèges et aux programmes de formation permanente, afin qu'il soit plus facile de transférer les cours pris dans différents établissements.

Pour ce qui est des coûts et de l'endettement qui font obstacle à l'accès aux études postsecondaires, les jeunes ont proposé plusieurs idées novatrices, notamment :

- La création d'une « taxe des diplômés », ou la gratuité de l'enseignement postsecondaire pour tous. Les diplômés verseraient un pourcentage de leur salaire de base deux ans après avoir obtenu leur diplôme, et ce, pendant cinq ans ensuite. Tous les diplômés « ressentiraient » le remboursement de la même façon, puisqu'il serait calculé en pourcentage du salaire et que son montant ne serait pas forfaitaire.

- Un assouplissement du système de remboursement des prêts dans le cadre du Programme canadien de prêts aux étudiants actuel, afin de soulager davantage les étudiants très endettés qui obtiennent leur diplôme.

- La création d'un fonds mutuel d'éducation. Les Canadiens auraient la possibilité d'investir dans un fonds d'épargne-études pour l'avenir. L'argent généré par le fonds serait investi dans des entreprises favorables à la formation, à l'éducation et aux étudiants, et décidées à offrir des emplois, une formation et des expériences de travail-études aux jeunes.

Perfectionnement des compétences

D'après les jeunes Canadiens, on devrait commencer dès l'école secondaire à aligner le perfectionnement des compétences sur les besoins en milieu de travail, moyennant des cours d'amélioration des connaissances pratiques et une plus grande exposition à un large éventail de possibilités d'éducation et de travail, par exemple, dans des métiers spécialisés et dans le cadre de l'exploitation de sa propre entreprise. Cependant, les jeunes étaient également d'avis que la formation axée sur les compétences devrait être accessible à tout âge, en utilisant, par exemple, des crédits d'apprentissage continu qui pourraient être validés dans les établissements participants. Un système de crédits d'apprentissage continu et un programme d'épargne différée pourraient, selon eux, être particulièrement utiles, car ils encourageraient les personnes qui n'ont pas accès à une formation en milieu de travail à se perfectionner continuellement.

Les participants étaient également convaincus qu'il fallait encourager les employeurs à offrir de la formation, en leur accordant des allégements fiscaux et en mettant en place d'autres mesures d'incitation pour qu'ils assument le coût de la formation et du perfectionnement des compétences. Ces mesures pourraient également contrebalancer les craintes des entreprises que les employés « apprennent puis partent ». D'après les jeunes, il faudrait encourager les employeurs à s'engager à offrir un apprentissage continu, ce qui favoriserait la création d'un bassin de mentors. Enfin, en particulier pour les secteurs de l'économie où la pénurie de main-d'œuvre pose ou posera de graves problèmes, les jeunes gens proposaient d'accorder des bourses assorties de conditions propres à assurer que leurs titulaires restent au Canada (par exemple, en offrant la possibilité de travailler dans des entreprises canadiennes de calibre international ou dans des postes de haut niveau au sein de la fonction publique). Les jeunes souhaitent également que les programmes, comme la Stratégie emploi jeunesse, accordent la priorité à l'innovation et offrent une aide particulière aux groupes travaillant auprès des jeunes pour qu'ils puissent offrir des services et des programmes ayant trait à l'innovation.

Les jeunes ont également proposé de créer et de promouvoir un portail unique (site Web) sur la formation et le perfectionnement des compétences afin d'encourager concrètement l'accès aux possibilités de perfectionnement.

Par ailleurs, les jeunes Canadiens ont recommandé d'élargir comme suit les cibles en matière de compétences établies dans la *Stratégie d'innovation* :

- D'ici 2012, s'assurer que tous les jeunes au Canada possèdent des compétences de base en innovation avant l'âge de 25 ans.

- D'ici 2010, ramener le taux de chômage chez les jeunes au taux de chômage général.

- D'ici 2007, doubler le pourcentage annuel d'entreprises créés par des jeunes gens.

Entrée sur le marché du travail

Les jeunes ont tous souligné combien il est important d'améliorer les conseils d'orientation, l'encadrement et le mentorat tout au long de l'éducation et de la planification de carrière, afin d'assurer qu'ils disposent des orientations et des réseaux voulus pour avoir accès à un travail gratifiant. Ils ont insisté sur la nécessité d'obtenir un engagement soutenu pour ce qui est de l'élargissement des programmes de travail-études et de stages, afin que plus de jeunes aient directement accès à des possibilités de travail intéressantes et acquièrent l'expérience de travail dont ils ont besoin pour participer utilement au marché du travail. En fin de compte, les jeunes souhaitent que les diplômés entrent plus rapidement sur le marché du travail, quel que soit leur niveau d'instruction.

Immigration

Les jeunes ont demandé qu'un certain nombre de mesures soient prises pour attirer plus d'immigrants au Canada, y compris des jeunes. D'après eux, on devrait offrir aux diplômés de toute université reconnue un permis de travail d'un an au Canada, avec possibilité de renouvellement, afin de faire venir plus de jeunes dans le pays. Ils ont souligné également qu'il est nécessaire d'élaborer des programmes d'analyse comparative internationaux afin d'aider à reconnaître les universités étrangères et les diplômes qu'elles délivrent, ainsi que les compétences pertinentes des immigrants. De même, les jeunes ont demandé que les associations professionnelles ou les industries produisent des évaluations des connaissances acquises dans le but de juger des compétences et aptitudes des immigrants, de leur permettre d'exercer leur profession ou de suivre en temps voulu une formation complémentaire. Les jeunes ont insisté sur le fait qu'il faut établir des normes en ce qui concerne la reconnaissance des compétences. Selon eux, les associations professionnelles nationales, les établissements d'enseignement et les pouvoirs publics pourraient tous coopérer dans l'établissement de normes internationales à cet égard et dans l'adoption d'un système d'évaluation des titres de compétences étrangers par rapport aux titres canadiens (par exemple, en élargissant des programmes tels que le Service d'évaluation des titres scolaires).

Les jeunes estimaient également qu'il faudrait faire davantage pour informer les immigrants actuels et potentiels, ainsi que les conseils sectoriels, sur le marché du travail canadien afin que les personnes intéressées puissent vérifier que leurs titres de compétences correspondent aux exigences de l'industrie avant d'immigrer au Canada. Il faudrait également faire plus attention à repérer les secteurs où l'on s'attend à des pénuries de travailleurs qualifiés afin d'en tenir compte dans les politiques d'immigration et de recrutement d'étudiants étrangers.

En plus de leurs principales préoccupations en matière d'innovation ayant trait à l'éducation, au perfectionnement des compétences, à l'entrée sur le marché du travail et à l'immigration, certains groupes de jeunes Canadiens ont expliqué ce qui, à leur avis, pourrait être fait pour améliorer tant les résultats du Canada en matière de R-D et de commercialisation, que le milieu de l'innovation et la capacité d'innover des collectivités.

RECHERCHE, DÉVELOPPEMENT ET COMMERCIALISATION

- Accroître le financement du Conseil de recherches en sciences naturelles et en génie du Canada pour l'innovation chez les jeunes.

- Élargir les objectifs de performance sur le plan du savoir aux contributions générales de secteurs qui ne font pas de R-D.

- Investir dans des réseaux qui relient l'industrie, le milieu universitaire, le gouvernement et les intervenants afin d'appuyer la recherche novatrice et d'aider à l'application et à la commercialisation de ses résultats.

- Modifier la réglementation fiscale pour encourager le secteur privé à investir dans la prochaine génération d'innovateurs et inciter plus de petites et moyennes entreprises à entreprendre des travaux de R-D.

- Accroître l'accès au capital-risque.

- Réaliser un sondage d'opinion publique auprès des jeunes Canadiens à propos des questions éthiques liées à l'innovation.

CONTEXTE RÉGLEMENTAIRE ET FISCAL

- Créer des services en plus de la Banque de développement du Canada pour élargir l'accès au capital-risque (par exemple, des mesures d'encouragement fiscales visant à récompenser les investisseurs du secteur privé qui participent à des entreprises risquées).

- Envisager d'accélérer l'examen des régimes de réglementation et ramener la date limite de 2010 à 2007.

- Rationaliser la réglementation afin de commercialiser plus rapidement les produits et les idées.

- Adopter une approche globale afin d'instaurer une culture de l'innovation qui ne se limite pas aux sciences et à la technologie, mais comprenne tous les domaines de la vie et des activités humaines.

RENFORCEMENT DES COLLECTIVITÉS

- Mieux faire comprendre le lien entre l'innovation et le développement économique dans le cas des petites villes et collectivités, ainsi que le fonctionnement des filières.

- Mettre à la portée de toutes les collectivités l'accès à Internet au moyen d'un réseau à large bande.

« *Selon nous, les Canadiens doivent s'efforcer de devenir une communauté douée d'imagination créatrice, où les nouvelles idées et approches sont appréciées. Nous devons instaurer une culture [...] où nous avons un penchant pour le risque, où nous savons accepter l'échec, et où nous nous engageons à développer les esprits et pas seulement les compétences.* »

Canada25

CHAPITRE 4

LE POINT DE VUE DES GROUPES AUTOCHTONES

PROCESSUS DE MOBILISATION

Une approche à plusieurs volets a été adoptée pour solliciter le point de vue des Autochtones, individuellement et en groupes, en ce qui concerne l'évolution de la *Stratégie d'innovation du Canada*. Les gens d'affaires autochtones se sont exprimés par l'intermédiaire d'Entreprise autochtone Canada, programme d'Industrie Canada qui, en collaboration avec les organisations autochtones, s'efforce de promouvoir le commerce afin de favoriser l'autonomie. Entreprise autochtone Canada a travaillé avec le Conseil national de développement économique des Autochtones, la National Aboriginal Business Association et

> « *Nous espérons sincèrement que cette initiative constituera un engagement réel à établir des partenariats avec la collectivité autochtone et à trouver des solutions novatrices aux défis que doit relever la population autochtone du Canada sur le plan économique et éducatif.* »
>
> Conseil pour l'avancement des agents
> de développement autochtones

l'Association nationale des sociétés autochtones de financement, en utilisant les services d'un animateur professionnel. D'autres mémoires ont été présentés par l'Organisation nationale de la santé autochtone, la Nitawin Community Development Corporation, la Nunavut Library Association et le Conseil pour l'avancement des agents de développement autochtones. De plus, Industrie Canada a invité plus de 550 Autochtones du pays tout entier à participer à ses sommets régionaux sur l'innovation. En septembre 2002, DRHC a organisé à Yellowknife la Table ronde sur les compétences et l'apprentissage autochtones, afin de recueillir des commentaires. Des experts et des guides d'opinion de tout le Canada représentant les collectivités autochtones, les entreprises, les syndicats, les conseils sectoriels, les pouvoirs publics et divers établissements d'enseignement y ont exprimé leur point de vue.

De l'avis général, la *Stratégie d'innovation* doit comporter un volet autochtone important proposant des solutions concrètes. Ce volet doit mettre l'accent sur des stratégies communautaires souples. Il doit reposer sur le dialogue et viser à améliorer les relations entre les peuples autochtones, les gouvernements, l'industrie et les syndicats. Les participants à la table ronde sur les compétences et l'apprentissage étaient très favorables à une approche fondée sur des partenariats pour relever les défis que rencontrent les Autochtones dans ces domaines. D'après eux, sans une telle approche, les peuples autochtones seront encore plus marginalisés à mesure que le Canada se transformera en une économie et une société du savoir.

Les intervenants ont attiré l'attention sur de nombreux problèmes de qualité de vie auxquels sont confrontés les Autochtones, et ils ont expliqué qu'en fait, en réglant les problèmes socioéconomiques pressants, comme celui du logement et de l'approvisionnement en eau salubre, on favorise l'innovation. Beaucoup d'entre eux ont suggéré que, pour commencer, le gouvernement du Canada réexamine le rapport de la Commission royale sur les peuples autochtones publié en 1996 et mette en œuvre un plus grand nombre de ses recommandations.

COMPÉTENCES ET APPRENTISSAGE

Le perfectionnement des compétences est le domaine qui a reçu le plus d'attention de la part des intervenants autochtones. Pour eux, l'éducation et la formation sont essentielles pour participer à l'économie du savoir. Les participants ont répété maintes fois qu'il faut améliorer les capacités de base en lecture et en écriture ainsi que l'éducation des Autochtones de tous les âges, des enfants d'âge scolaire aux adultes.

En ce qui concerne la population active autochtone adulte, les participants à la Table ronde sur les compétences et l'apprentissage autochtones ont cerné un certain nombre de domaines qui méritent une attention immédiate. Il a beaucoup été question des nouvelles possibilités d'emploi dans le secteur des ressources naturelles. Bien des participants ont insisté sur le fait qu'il est nécessaire de mettre en place des plans de formation complets en vue d'emplois, afin de s'assurer que les Autochtones puissent profiter de ces possibilités. Certains ont proposé que ces plans prévoient d'utiliser des méthodes novatrices, comme l'évaluation des acquis, des programmes d'alphabétisation en milieu de travail et l'apprentissage en ligne. Dans la même veine, il leur semblait essentiel d'améliorer les systèmes de formation de base des adultes et d'investir plus dans l'enseignement postsecondaire autochtone, afin de garantir aux Autochtones une participation fructueuse au marché du travail. Par ailleurs, les participants ont longuement discuté de questions relatives à l'apprentissage. Selon certains, les peuples autochtones devraient être considérés comme une solution aux pénuries que connaît le Canada dans les métiers spécialisés. Les participants ont souligné qu'il est essentiel que les syndicats adhèrent au changement d'attitude sur des questions telles que l'ancienneté qui risquent d'empêcher d'accéder à l'apprentissage et à d'autres possibilités d'acquérir des compétences. Enfin, les intervenants ont insisté sur le fait que l'on devrait mettre davantage l'accent dans la *Stratégie d'innovation* sur l'éducation des Canadiens afin, notamment, de développer le potentiel professionnel des Autochtones, jeunes et adultes, avant de chercher à attirer des étudiants étrangers et à former des immigrants pour répondre aux besoins du Canada sur le plan des compétences.

Pour ce qui est des questions relatives aux compétences et à l'apprentissage concernant les enfants et les jeunes Autochtones, les participants à la Table ronde sur les compétences et l'apprentissage autochtones ont demandé que les mesures suivantes soient prises :

- Augmenter le financement de l'éducation des jeunes enfants en allouant notamment des fonds pour la poursuite du Programme d'aide préscolaire aux Autochtones.

- Établir des normes afin de garantir une éducation de qualité à tous les enfants et prendre une responsabilité accrue à l'égard des résultats.

- Faire plus d'investissements directs pour renforcer les aptitudes à la lecture et au calcul.

- Créer des mécanismes d'encouragement à l'intention des enseignants.

- Proposer plus de programmes de mentorat de stages et de bourses d'études pour les étudiants du postsecondaire.

- Proposer des outils de prise de décision en matière de choix de carrière adaptés à la culture autochtone.

- Soutenir davantage les établissements d'enseignement postsecondaire autochtones.

- Mettre en place des programmes de cours postsecondaires plus adaptés sur le plan culturel.

« Quelque 195 millions de dollars ont été dépensés au Canada pour développer l'accès public à Internet. RéseauBiblio a fait connaître dernièrement les résultats de sondages qui révèlent que la plupart des Canadiens du Sud du pays associent les ordinateurs mis à la disposition du public aux bibliothèques. Cela montre le rôle que ces dernières peuvent jouer dans l'infrastructure de l'information, mais ici, au Nunavut, bien des bibliothèques ne peuvent pas donner accès à Internet parce que leur connexion est interurbaine et trop coûteuse ou parce qu'elle est trop lente pour être utile. Dans les bibliothèques qui ont accès à Internet, le personnel n'a pas reçu la formation voulue pour pouvoir offrir un service à valeur ajoutée, c'est-à-dire montrer aux gens comment bien utiliser Internet. Les bibliothèques des collectivités du Nunavut peuvent devenir des portails d'accès au Web pour une grande partie de la population qui n'a pas les moyens de s'offrir un ordinateur. »

Nunavut Library Association

- Proposer aux enseignants ordinaires une formation qui leur permette de mieux comprendre la culture autochtone.

- Offrir aux Autochtones plus de possibilités de téléenseignement et d'éducation hors des campus.

- Régler tôt les questions liées au maintien des effectifs à l'école (autrement dit, au premier cycle du secondaire).

- Accroître le financement de l'éducation post-secondaire pour les Autochtones.

RENFORCEMENT DES COLLECTIVITÉS

Les intervenants ont insisté sur le fait qu'il est important de reconnaître les différences régionales, d'en tenir compte et d'éviter d'adopter une approche descendante en matière d'innovation. Pour ce qui est des problèmes fondamentaux relatifs à leur qualité de vie, les intervenants estimaient qu'avec une aide appropriée, les collectivités autochtones pourraient trouver et appliquer des solutions novatrices, incluant la télésanté et le téléenseignement. Apporter un meilleur soutien signifie notamment éliminer le cloisonnement entre les gouvernements fédéral, provinciaux et territoriaux qui peut nuire aux efforts déployés par les Autochtones. Toutefois, la plupart des intervenants ont indiqué qu'une meilleure connectivité doit non seulement établir des liens avec les universités et les centres de recherche, mais aussi, littéralement, relier les collectivités autochtones rurales et éloignées au reste du Canada.

MILIEU DE L'INNOVATION

D'après les participants, dans un environnement plus propice à l'innovation, les Autochtones auraient accès à davantage de possibilités de développement économique, notamment grâce aux marchés publics fédéraux. En ce qui concerne la réglementation, les intervenants autochtones estimaient que l'on doit mieux protéger la propriété culturelle dans une économie du savoir, y compris les connaissances ancestrales des Autochtones. Selon eux, il est nécessaire également de faire plus de publicité pour faire connaître les programmes fédéraux favorisant le développement économique et l'innovation, en particulier ceux destinés aux entreprises.

Côté développement humain, les participants à la Table ronde sur les compétences et l'apprentissage autochtones ont insisté sur le fait que les gouvernements doivent rationaliser leurs méthodes administratives et élaborer des systèmes permettant des partenariats et une meilleure coordination des efforts qui réduisent les chevauchements en canalisant les ressources existantes pour arriver à des effets plus marqués et mieux ciblés.

RECHERCHE, DÉVELOPPEMENT ET COMMERCIALISATION

Dans leurs observations, les Autochtones ont signalé que la définition de l'innovation insiste trop sur les sciences et la technologie. Étant donné les besoins élémentaires dans les collectivités autochtones, en particulier pour ce qui est de l'éducation et des compétences, ils estimaient qu'en mettant l'accent sur la R-D et la commercialisation, la *Stratégie d'innovation* limite les avantages directs éventuels pour les Autochtones. Des participants ont proposé d'élargir cette définition pour y inclure l'application du savoir à des « innovations utiles » et d'évaluer les besoins des Autochtones en matière de technologie.

« *Conscients que l'innovation se produit à l'échelon local, les pouvoirs publics doivent opter pour l'intendance plutôt que pour la microgestion et doter les collectivités des outils et des politiques-cadres voulus pour concevoir, mettre en œuvre et partager leurs propres solutions.* »

The Learning Enrichment Foundation

LE POINT DE VUE DES REPRÉSENTANTS DES ASSOCIATIONS DE GENS D'AFFAIRES, DES SYNDICATS, DES ORGANISMES DE DÉVELOPPEMENT ÉCONOMIQUE ET DES CONSEILS SECTORIELS

PROCESSUS DE MOBILISATION

Dans le cadre du processus de mobilisation, des associations nationales de gens d'affaires ont été invitées à préparer des réponses officielles à la *Stratégie d'innovation*. Des groupes nationaux, comme le Conseil canadien des chefs d'entreprise, la National Business Roundtable, la Chambre de commerce du Canada, Manufacturiers et Exportateurs du Canada, l'Association des banquiers canadiens, l'Association canadienne de gestion de l'innovation et le Bureau d'assurance du Canada, ont remis des mémoires. Au cours du printemps et de l'été 2002, plusieurs organismes de développement économique communautaire, dont le Réseau canadien de développement économique de la communauté, l'Ontario Association of Community Futures Development Corporations, ainsi que de nombreux groupes évoluant à l'échelon municipal, comme le Centre de recherche et d'innovation d'Ottawa, les chefs des Projets témoins des Collectivités ingénieuses et Montréal TechnoVision, ont également remis des documents. La Fédération canadienne des municipalités a également répondu à l'appel, tout comme un petit nombre d'administrations municipales.

Des tables rondes et des conférences organisées par DRHC ont permis à de grands syndicats, comme les Métallurgistes unis d'Amérique et le Congrès du travail du Canada, de faire part de leurs observations, tout comme les conseils sectoriels[1], qui ont donné leur avis sur la *Stratégie d'innovation* lors d'un atelier d'une journée intitulé « Partenariats à l'œuvre! », organisé par le Centre syndical et patronal du Canada conjointement avec DRHC. Près de 200 chefs de file du milieu des entreprises, des syndicats, des conseils sectoriels et du milieu de l'enseignement et de la formation étaient présents, aux côtés de hauts fonctionnaires fédéraux et provinciaux. Les représentants d'autres conseils sectoriels, qui fournissent des services dans des domaines comme la reconnaissance professionnelle et l'accréditation, l'apprentissage en ligne, la liaison avec les organismes d'enseignement et de formation, l'information sur le marché du travail et les normes professionnelles, ont également pris part à d'autres rencontres organisées par DRHC. Ce dernier a reçu d'autres commentaires par correspondance et à la faveur de réunions bilatérales avec des groupes tels que l'Ontario Society for Training and Development.

---

1. *Les conseils sectoriels réunissent des employeurs, des syndicats, d'autres représentants des employés ainsi que le milieu de l'enseignement et de la formation afin de cerner les problèmes en ressources humaines et d'y remédier. Ces acteurs importants sur le marché de l'emploi sont maintenant présents dans 26 industries (représentant un quart de la population active), depuis la sidérurgie et l'exploitation minière jusqu'au textile, en passant par l'aérospatiale, la construction et le tourisme.*

IMPRESSIONS GÉNÉRALES

Les associations nationales de gens d'affaires approuvaient, dans une large mesure, le diagnostic posé par le gouvernement en ce qui concerne le défi de l'innovation au Canada. Elles souhaitaient en priorité que le gouvernement fédéral joue un rôle important dans l'instauration d'un climat propice à l'innovation, en engageant une réforme fiscale et réglementaire, en appuyant les compétences et les systèmes d'apprentissage, et en encourageant la collaboration entre tous les intervenants qui influent sur le système d'innovation. Dans leurs mémoires, elles expliquaient que les gouvernements doivent diminuer les impôts, limiter les dépenses et réduire le ratio dette-produit intérieur brut. Tout en considérant l'innovation comme une responsabilité collective, ces associations étaient d'avis que le secteur privé devrait orienter les investissements dans les activités de R-D et de commercialisation. Elles ont affirmé que l'amélioration du climat commercial et réglementaire est le volet le plus important d'une stratégie nationale visant à instaurer une culture de l'innovation, laquelle peut à son tour influer sur d'autres secteurs de la société canadienne. L'investissement dans l'éducation et les compétences de la main-d'œuvre canadienne arrivait en deuxième position sur la liste de leurs priorités.

Les organismes de développement économique s'entendaient sur le fait que les orientations générales proposées dans les documents sur la *Stratégie d'innovation* étaient généralement valables. Ils se réjouissaient que la collectivité soit reconnue comme tribune importante en matière d'innovation, mais ils soulignaient que peu de municipalités ont les moyens techniques ou financiers d'influer sur le rythme de l'innovation. Ils pensaient, cependant, que les autorités locales étaient bien placées pour offrir des programmes et des services conjointement avec les instances supérieures du gouvernement, et étaient prêtes à former les réseaux et partenariats nécessaires pour jouer ce rôle. Les organismes de développement économique s'inquiétaient, toutefois, du fait que la *Stratégie d'innovation* était plus axée sur les grandes villes et négligeait les besoins des centres plus petits et des régions rurales, particulièrement en ce qui a trait aux centres d'apprentissage. La majorité des recommandations de ce groupe portaient sur le renforcement des collectivités et des capacités locales (par exemple, accès au capital, connectivité à large bande) et les investissements dans le capital humain (par exemple, éducation et compétences).

Les représentants des conseils sectoriels qui ont participé à l'atelier « Partenariats à l'œuvre! » étaient d'accord avec les objectifs énoncés dans *Le savoir, clé de notre avenir* à propos de la formation en apprentissage, de la formation en cours d'emploi, de l'alphabétisation et de l'apprentissage des adultes. Qui plus est, ils étaient certains que, moyennant un appui adéquat du gouvernement, les conseils sectoriels pourraient produire « des résultats quantifiables qui correspondent tout à fait aux priorités de DRHC », tout en répondant aux besoins des entreprises membres et de leur main-d'œuvre en matière de compétences et de formation.

Tout au long du processus de mobilisation, les représentants des syndicats ont répété qu'il est primordial pour le Canada de former une main-d'œuvre qualifiée et de renforcer le système d'apprentissage. Par ailleurs, ces représentants s'interrogeaient sur les dimensions sociales de l'innovation, par exemple, sur la garde d'enfants. Au cours des deux ateliers sur les meilleures pratiques, intitulés « Partenariats à l'œuvre! » et « Innovation en milieu de travail — Les compétences et l'apprentissage », et de la Table ronde sur les adultes dans la population active, ils ont parlé de mesures de renforcement des compétences qui donnent de bons résultats.

CONTEXTE RÉGLEMENTAIRE ET FISCAL

Pour ce qui est d'améliorer la performance du Canada sur le plan de l'innovation, les associations nationales de gens d'affaires plaçaient la réforme globale de la réglementation en tête de leurs priorités. Elles demandaient un processus d'examen sectoriel afin de supprimer les règlements qui entravent indûment les investissements et les activités des entreprises. De plus, d'après elles, l'échéance de 2010 fixée dans *Atteindre l'excellence* pour l'examen de la réglementation est trop éloignée et le travail pourrait, à leur sens, être achevé d'ici 2005.

Les associations de gens d'affaires sont convaincues qu'un climat financier sain est l'élément d'intérêt public le plus important de la *Stratégie d'innovation*. Elles demandaient un examen continu des programmes en vue de réaliser des économies dans les ministères fédéraux et de permettre ainsi de réduire l'impôt des gens et des entreprises. D'après elles, ces mesures attireraient des investissements étrangers et des employés hautement qualifiés, et elles favoriseraient un accroissement de la productivité. Par ailleurs, les niveaux d'impôt des gens et des entreprises au Canada devraient être plus concurrentiels par rapport à ceux d'autres pays industrialisés et les comparaisons internationales devraient pleinement refléter l'incidence des frais d'utilisation appliqués par le gouvernement. Les associations étaient particulièrement préoccupées par le fardeau de l'impôt sur le capital qui, selon elles, constitue une entrave sérieuse pour la performance du Canada sur le plan de l'innovation.

Les organismes de développement économique étaient d'accord sur le fait qu'il fallait éliminer l'impôt sur le capital et proposaient d'autres mesures pour stimuler l'innovation, comme un programme de crédit d'impôt visant précisément les investissements dans les entreprises qui démarrent. Selon eux, les investissements fédéraux et provinciaux dans l'infrastructure municipale de base, entre autres les réseaux de transport en commun, pourraient avoir une incidence positive sur le milieu de l'innovation en aidant les collectivités à attirer des investissements et des travailleurs qualifiés. Les organismes de développement économique recommandaient également que le gouvernement adopte des pratiques exemplaires dans ses propres activités et montre l'exemple, en particulier en offrant des services en ligne à ses citoyens. Ils demandaient que les autorités fédérales, provinciales et municipales travaillent ensemble afin d'établir des normes nationales en matière de connectivité et de cybergouvernement.

Plusieurs associations nationales de gens d'affaires ont affirmé que les interventions concernant la Convention sur les changements climatiques, incluant la ratification du Protocole de Kyoto, pourraient affecter le fardeau réglementaire qui pèse sur l'industrie canadienne et pourraient avoir un effet sur le développement de l'innovation. Par ailleurs, les organismes de développement économique ont fait remarquer que les investissements fédéraux dans les réseaux municipaux de transport en commun et les installations de réutilisation et de recyclage pourraient avoir une incidence positive sur les émissions de gaz à effet de serre. D'après ces organismes, ce type d'aide aux municipalités pourrait faire partie de la réponse du Canada à la Convention sur les changements climatiques et aussi encourager l'innovation au niveau communautaire.

COMPÉTENCES ET APPRENTISSAGE

Alignement du système d'apprentissage en fonction des besoins du marché du travail

Les associations nationales de gens d'affaires accordent une grande priorité au capital humain et considèrent les compétences et le savoir de la main-d'œuvre comme des moteurs essentiels de l'innovation. Elles ont donc demandé au gouvernement de faire preuve de leadership à cet égard en investissant davantage dans le système d'apprentissage et en encourageant la collaboration multilatérale nécessaire pour former une main-d'œuvre de tout premier ordre. Les associations ont souligné que les cibles dans des domaines tels que l'obtention d'un diplôme d'études postsecondaires ou les taux de participation dans l'éducation des adultes n'étaient pas pertinentes si le cadre de collaboration en matière d'éducation et les partenariats nécessaires entre les établissements d'enseignement et l'industrie n'étaient pas en place.

Les associations de gens d'affaires approuvaient l'objectif de la *Stratégie d'innovation* pour ce qui est d'augmenter de 5 p. 100 par an le nombre d'étudiants inscrit à la maîtrise ou au doctorat. Elles ont toutefois souligné que le défi du Canada sur le plan des compétences ne se limite pas à l'élargissement du bassin des diplômés de niveau postsecondaire et des travailleurs hautement qualifiés. Plusieurs mémoires portaient sur la nécessité d'investir davantage dans l'enseignement de la maternelle à la fin du secondaire, de mettre plus l'accent sur les compétences en affaires et en gestion dans le programme d'études secondaires, et de fournir aux jeunes des renseignements et une orientation professionnels plus précis afin qu'ils fassent des choix judicieux en matière d'apprentissage. Les associations demandaient également que l'on prête davantage attention aux problèmes en lecture et en calcul, à l'éducation des adultes, à une meilleure formation en apprentissage, à la formation en cours d'emploi et aux mesures visant à améliorer les compétences grâce auxquelles les Autochtones canadiens sont plus employables. Elles considéraient également qu'il est essentiel, pour constituer un bassin de talents canadiens, de rendre la main-d'œuvre plus mobile, en permettant de transférer plus facilement les titres de compétences d'une province à l'autre en reconnaissant mieux les compétences des immigrés.

Les organismes de développement économique ont soulevé plusieurs des mêmes questions et ont souligné la nécessité de rendre les possibilités d'apprentissage plus accessibles aux Canadiens dans les régions rurales et éloignées. D'après eux, il devient pressant d'offrir des possibilités de formation en entrepreneuriat et d'apprentissage à l'échelle locale, ainsi que de s'occuper du problème de l'exode continu des jeunes des régions rurales.

Les organismes communautaires ont souligné que l'évaluation et la reconnaissance des acquis sont nécessaires pour élargir la main-d'œuvre, étant donné qu'ils permettent de reconnaître les connaissances et les compétences, de favoriser les transferts, de gagner du temps et d'économiser de l'argent sur le plan de l'éducation, et de renforcer la confiance individuelle. Ces organismes ont ajouté qu'en établissant un lien entre l'évaluation des besoins communautaires et l'évaluation des acquis individuels, l'attachement des travailleurs à la population active est plus durable à long terme.

Les conseils sectoriels ont expliqué que, pour régler le « problème des compétences », il ne suffisait pas de former des scientifiques et des ingénieurs. Tout comme les associations de gens d'affaires et les organismes de développement économique, ils s'inquiétaient de la pénurie de gens de métier, qui ne va pas tarder à nuire sérieusement à l'innovation et à la croissance au Canada. Ils étaient cependant convaincus de pouvoir remédier à la situation en dirigeant les efforts déployés pour régler le « problème d'image » des métiers spécialisés et en faisant activement la promotion de ces derniers auprès des élèves de la maternelle à la fin du secondaire ainsi qu'auprès des enseignants, des conseillers d'orientation et des parents. De plus, les conseils sectoriels souhaitent vivement promouvoir le système d'apprentissage canadien afin qu'il réponde mieux aux besoins de l'industrie et attire davantage les jeunes. Ils sont prêts à jouer un rôle important dans l'amélioration de la qualité et de l'intérêt du perfectionnement des compétences parrainé par les employeurs, ainsi que dans le renforcement et le partage de l'infrastructure de formation (par exemple, les centres de téléapprentissage). De plus, ils sont bien placés pour contribuer à la mise au point de systèmes canadiens d'information sur le marché du travail plus précis, plus opportuns et plus conviviaux.

Il a en outre été mentionné que les conseils sectoriels pourraient également s'associer au Conseil de développement des ressources humaines autochtones du Canada pour aider les jeunes Autochtones à entrer sur le marché du travail, en particulier dans les métiers de la construction.

D'après les organisations syndicales, les entreprises et les gouvernements doivent mieux répondre aux attentes et aux priorités des travailleurs en matière de formation, et un programme de formation axé sur les travailleurs doit être plus général et pas tout simplement « orienté sur les machines ». À la Table ronde nationale sur les adultes dans la population active, les syndicats ont demandé que les entreprises et les gouvernements investissent plus dans la formation des employés, étant donné, notamment, que comparativement à d'autres pays, le Canada vient en tête pour ce qui est de la formation payée par les employés eux-mêmes. Les syndicats considéraient que leur rôle restait d'exercer des pressions sur les entreprises pour qu'elles investissent dans le perfectionnement professionnel de leurs employés. Ils ont indiqué qu'ils souhaitaient vivement faire partie de la solution en milieu de travail.

Sur la question de l'apprentissage, les représentants des syndicats ont reconnu qu'il faut encourager plus de Canadiens à entrer en apprentissage et à rester dans les métiers spécialisés, ce qui est essentiel, selon eux, pour répondre à la demande de travailleurs qualifiés dans tous les secteurs de l'économie. Ils ont convenu qu'il faudra pour cela surmonter les images négatives qui collent à ces métiers et soutenir davantage les apprentis, les compagnons et les employeurs dans le système d'apprentissage.

À l'atelier « Partenariats à l'œuvre! », un représentant des Métallurgistes unis d'Amérique a expliqué que les syndicats et le patronat doivent tous deux affronter les questions difficiles, comme la restructuration, les nouvelles technologies et les lacunes au niveau des compétences, mais chacun selon sa propre perspective. Les conseils sectoriels ont été félicités de fournir une tribune où syndicats et patronat peuvent travailler de concert pour répondre à leurs besoins respectifs et collectifs. Ils permettent aux syndicats de cerner les besoins en compétences et d'élaborer des programmes de formation qui aident leurs adhérents. Cela entraîne un perfectionnement professionnel de la main-d'œuvre actuelle, ce qui est à l'avantage de l'employeur. Ce type de résultat découlant de programmes de renforcement des compétences essentielles et profitant à tout le monde a été mentionné lors de l'atelier « Innovation en milieu de travail — Les compétences et l'apprentissage ». Un représentant du Congrès du travail du Canada a expliqué en quoi les compétences essentielles influent positivement sur la vie des travailleurs et, par conséquent, sur les organisations et les entreprises, en créant des lieux de travail plus sûrs, plus productifs et plus propices à l'habilitation.

À l'instar de beaucoup d'autres qui participaient aux discussions sur la *Stratégie d'innovation*, les représentants des syndicats ont déclaré qu'il faut des politiques et des programmes sociaux plus novateurs qui favorisent l'inclusion. Ils ont souligné que bien des parents sont désavantagés dans la population active (par exemple, par les horaires surchargés et le stress qui en résulte dans le cas des parents à faible revenu qui souvent doivent avoir plusieurs emplois pour gagner suffisamment d'argent) et donc incapables de profiter des programmes de perfectionnement professionnel. D'après les représentants des syndicats, les efforts déployés pour former une main-d'œuvre qualifiée doivent s'accompagner de mesures destinées à renforcer les services offerts aux travailleurs et à leurs familles. De plus, ont-ils expliqué, les parents qui travaillent doivent disposer d'un revenu et d'un soutien suffisants pour assurer le bon développement et l'éducation préscolaire de leurs enfants. Selon eux, les services et le revenu sont étroitement liés, et sans soutien tel que la garde d'enfants, les parents ne peuvent pas gagner un revenu suffisant. Les représentants des syndicats ont réclamé des approches plus universelles de la garde d'enfants (par exemple, l'offrir à tous, indépendamment du revenu) et la régénération des normes syndicales, ce qui comprend la question des heures de travail et du salaire minimum.

Immigration

D'après les associations de gens d'affaires, il est indispensable de moderniser le système d'immigration du Canada, si le Canada veut attirer sa juste part de talents étrangers mobiles. Les participants à l'atelier « Partenariats à l'œuvre! » en sont arrivés à la même conclusion, et les conseils sectoriels pensaient pouvoir jouer un rôle plus actif dans le processus d'immigration, en particulier en offrant des services d'évaluation et de reconnaissance des acquis aux immigrants éventuels et aux nouveaux venus.

RENFORCEMENT DES COLLECTIVITÉS

Services à large bande

Les dirigeants des organismes de développement économique approuvaient vivement le financement accéléré des projets de services à large bande dont il est question dans *Atteindre l'excellence*. D'après eux, l'accès à ce type de service a des retombées importantes, attire les investissements dans la recherche et permet d'innover dans l'élaboration du contenu et des applications. Les organismes de développement économique estimaient que l'infrastructure nationale à large bande et un accès abordable à Internet étaient essentiels pour régler le problème du fossé numérique entre les villes et les régions rurales, et pour que toutes les régions bénéficient des possibilités offertes par l'économie du savoir. D'après eux, les gouvernements doivent faire preuve d'un leadership exemplaire en utilisant des installations à large bande dans des domaines tels que la télésanté, l'apprentissage en ligne et la démocratie en direct, et en faisant mieux connaître leurs services, qui doivent aussi être plus accessibles.

Nouveaux partenariats

Les dirigeants des organismes de développement économique demandaient que se forme un nouveau genre de partenariat alliant les ressources financières supérieures et la perspective stratégique générale du gouvernement fédéral à une bonne compréhension de la situation locale que connaissent les autorités responsables du développement économique à l'échelle municipale. D'après eux, la mise en commun de la capacité nationale et locale donnerait lieu à de meilleurs programmes et services, en particulier pour les petites et moyennes entreprises qui démarrent. Ils ont également proposé que le gouvernement du Canada travaille en collaboration avec les villes ou des organisations comme la Fédération canadienne des municipalités afin de repérer les lacunes sur le plan des ressources humaines et des capacités au niveau municipal et d'y remédier. Cela aiderait les collectivités à élaborer et à mettre en œuvre des stratégies d'innovation qui compléteraient les mesures fédérales et provinciales. Les propositions de la Fédération canadienne des municipalités les confortaient dans leur volonté d'unir leurs efforts pour remédier aux lacunes en matière de ressources humaines et investir dans des plans d'innovation communautaires.

Filières

D'après les organismes de développement économique, les filières industrielles jouent un rôle primordial dans le démarrage des jeunes entreprises, dans l'incitation à la R-D et dans le suivi jusqu'à la commercialisation. Ils estiment également que les gouvernements peuvent encourager la formation de filières en investissant dans les centres de recherche et d'apprentissage locaux, et en menant dans un endroit stratégique leurs propres activités en sciences et en recherche, afin d'attirer une masse critique de personnel hautement qualifié, de travailleurs compétents et d'investisseurs. Tout en qualifiant d'essentiel le soutien des instances supérieures du gouvernement, ils ont expliqué que la création de nouvelles filières industrielles devait être un « processus ascendant », stimulé par les dirigeants communautaires.

Par ailleurs, les efforts déployés par le gouvernement à l'appui de la création de nouvelles filières industrielles ne doivent pas nuire aux filières en place, ont-ils prévu. D'après eux, la cible proposée dans *Atteindre l'excellence*, soit la création de 10 filières technologiques reconnues à l'échelle internationale d'ici 2010, est arbitraire et risque d'épuiser des ressources humaines et financières nationales déjà peu abondantes.

RECHERCHE, DÉVELOPPEMENT ET COMMERCIALISATION

Les associations de gens d'affaires ont demandé un réexamen général des programmes gouvernementaux qui encouragent la formation de capital-risque et appuient la R-D et la commercialisation. Elles estimaient que nombre de ces programmes avaient peu changé en dix ans, alors que les marchés des finances, des produits et du travail avaient beaucoup évolué. Pour appuyer l'innovation du secteur privé, elles étaient manifestement favorables à l'adoption de mesures d'encouragement fiscales, plutôt qu'à de nouvelles dépenses de programme. En fait, une association a demandé un examen point par point en vue de supprimer les subventions aux entreprises qui n'encouragent pas un comportement novateur. Les associations étaient convaincues que des stratégies fiscales pourraient stimuler l'offre de capital-risque et encourager les investisseurs providentiels à appuyer des entreprises prometteuses pendant la phase difficile du démarrage. Elles ont également demandé avec insistance au gouvernement de procéder rapidement à un examen des lois canadiennes sur la propriété intellectuelle.

Les organismes de développement économique étaient très favorables à un effort national concerté destiné à accroître l'investissement dans la R-D. Cependant, d'aucuns se demandaient s'il était possible de faire en sorte que le Canada se classe parmi les cinq premiers pays du monde en matière de R-D d'ici 2010. Les organismes de développement économique ont également souligné que les objectifs en matière de R-D ne devraient pas être considérés comme une fin en soi. D'après eux, la R-D est un élément essentiel de l'innovation, mais ce qui compte vraiment et qui vaut la peine d'être mesuré, ce sont les extrants, autrement dit, les idées qui sont commercialisées.

> *« La Stratégie d'innovation donne la possibilité aux collectivités d'exprimer leur opinion et de proposer leurs propres solutions novatrices. »*
>
> The Learning Enrichment Foundation

D'après les représentants des organismes de développement économique, les programmes fédéraux de soutien à la R-D devraient aussi offrir des mesures d'encouragement claires au suivi afin d'inciter les entreprises à commercialiser les résultats de leurs travaux de recherche. Ces représentants ont également demandé l'assouplissement des critères d'admissibilité au Programme d'aide à la recherche industrielle pour pouvoir offrir une aide aux organismes de développement communautaire qui facilitent le mouvement de capitaux entre les investisseurs et les petites et moyennes entreprises.

Les associations de gens d'affaires ont demandé de nouvelles mesures pour stimuler l'investissement dans la commercialisation des résultats de la recherche. Toutefois, elles estimaient aussi que les compétences jouent un rôle important dans le défi de la commercialisation et soulignaient qu'il est nécessaire d'élargir le bassin des gestionnaires de l'innovation au Canada par le mentorat et d'autres programmes de formation ciblés.

CHAPITRE 6

LE POINT DE VUE DES SECTEURS INDUSTRIELS

Le présent chapitre se divise en deux parties. La partie A présente le point de vue de divers secteurs de l'industrie, à l'exclusion du secteur des technologies de l'information et des communications dont le point de vue est exposé séparément, dans la partie B.

A. L'OPINION DES INDUSTRIES CANADIENNES

PROCESSUS DE MOBILISATION

Dans cette section sont réunis les points de vue, les idées et les préoccupations de leaders d'un large éventail de secteurs participants, depuis les industries de fabrication et de transformation traditionnelles, comme la construction, l'aluminium et le textile, jusqu'aux nouvelles industries telles que celles des sciences environnementales et des bioproduits, en passant par les industries culturelles, comme celles qui créent et diffusent des produits culturels et d'information. Le gouvernement fédéral a souvent pris l'initiative de telles discussions et fait appel aux « champions » de l'industrie pour réunir les commentaires des parties intéressées. Les champions, qui ont remis des rapports finals, ont rencontré des représentants du gouvernement à plusieurs reprises pour discuter de leurs conclusions.

Les ateliers de DRHC sur les pratiques exemplaires et les tables rondes d'experts ont aussi permis au secteur privé, aux syndicats, aux organisations non gouvernementales et communautaires et aux mileux de l'apprentissage de s'interroger sur les questions, les préoccupations et les idées relatives au compétences et à l'apprentissage, sur les pratiques exemplaires et sur les recommandations concernant le secteur industriel.

IMPRESSIONS GÉNÉRALES

En règle générale, les secteurs de l'industrie ont réagi favorablement au diagnostic posé par le gouvernement fédéral en ce qui concerne les défis de l'innovation. Ils ont reconnu la nécessité de stratégies sectorielles nationales qui intègrent les objectifs et les activités de tous les intervenants. Toutefois, le document *Atteindre l'excellence* accorde trop d'importance, selon eux, à la nouvelle économie et il sous-estime le potentiel énorme des industries traditionnelles canadiennes pour ce qui de lancer de nouveaux produits et de nouveaux procédés de production. De même, certains estimaient que le document met trop l'accent sur les industries de fabrication et de transformation, tout en négligeant la contribution de l'innovation à l'amélioration de la productivité dans les transports et dans

> **« Le gouvernement ne peut pas créer l'innovation. Une fois qu'il aura levé les obstacles, ce sera aux habitants et aux organisations du pays qu'il incombera de créer des produits et des services novateurs. »**
>
> Association de l'aluminium du Canada

d'autres activités de service. En outre, les représentants de l'industrie déploraient généralement que le document insiste trop sur « la croissance économique et la prospérité » et qu'il sous-estime la contribution de l'innovation au développement durable et à la protection de l'environnement.

La plupart des leaders de l'industrie reconnaissaient que le secteur privé a un rôle clé à jouer dans l'instauration d'une culture de l'innovation. Parallèlement, ils estimaient que leur rôle s'inscrivait dans une responsabilité collective partagée avec les gouvernements, les milieux de l'enseignement et de la recherche, les syndicats, les organisations professionnelles, le secteur bénévole et d'autres groupes.

Par ailleurs, d'après les leaders de l'industrie, les principaux défis de l'innovation vont bien au-delà des variables économiques. Ainsi, il faut stimuler la réflexion et l'expression créatrices et changer l'état d'esprit des Canadiens en ce qui concerne les risques, les récompenses et le succès. Certains secteurs ont demandé aux gouvernements de jouer un rôle directeur dans la définition d'une vision à long terme qui englobe les régimes politiques et fournit une stratégie cohérente à des secteurs disparates de l'industrie. Ils ont insisté aussi sur l'importance des investissements. Comme le soulignait un groupe de l'industrie, pour faire passer le Canada du 15e rang à l'un des 5 premiers rangs mondiaux au chapitre des dépenses d'investissement en R-D d'ici à 2010, il faudra dépenser 26 milliards de dollars de plus par an. D'après un autre groupe, il faudra accroître les ventes de 250 milliards de dollars par an, principalement sur les marchés d'exportation, pour soutenir ce niveau d'investissement.

Par ailleurs, la réaction de l'industrie aux orientations stratégiques particulières proposées par le gouvernement était très positive. Par exemple, ses représentants se sont réjouis qu'il mette l'accent sur la réforme de la réglementation, mais la plupart étaient d'avis qu'il faudrait ramener à cinq ans l'échéancier de dix ans proposé pour l'examen de la réglementation. Ils étaient unanimes à reconnaître le lien explicite entre l'innovation et une main-d'œuvre hautement qualifiée. Toutefois, nombre d'entre eux ont mentionné que les besoins en compétences scientifiques et techniques de pointe ne doivent pas éclipser le besoin tout aussi important de gestionnaires et d'ouvriers spécialisés compétents.

Les opinions exprimées variaient davantage en ce qui concerne le renforcement de la capacité d'innovation des collectivités. La plupart des rapports reconnaissaient que les collectivités qui possèdent une infrastructure du savoir et une masse critique d'entrepreneurs et d'investisseurs deviendront des pôles d'innovation. Cependant, certains participants s'opposaient à l'idée de recourir à des politiques actives descendantes pour encourager à créer des filières technologiques, et expliquaient qu'en fait, dans un cadre réglementaire et fiscal positif, des filières se constitueront d'elles-mêmes autour des atouts et des capacités en matière d'innovation de localités données. La plupart convenaient que le gouvernement a un rôle de partenaire à jouer à l'appui de filières actuellement en formation.

Un fil conducteur très encourageant se dégage de l'ensemble des échanges avec les leaders de l'industrie canadienne, qui sont clairement convaincus que le succès de l'initiative en matière d'innovation repose sur l'établissement de partenariats nouveaux et renforcés entre les entreprises, entre le gouvernement et l'industrie, et entre l'industrie et le milieu de l'éducation et de la formation. À vrai dire, le fait que des secteurs émergents où les petites et moyennes entreprises sont très nombreuses, comme les industries langagières ou le secteur de l'énergie renouvelable, se sont réunis pour contribuer à la *Stratégie d'innovation* montre bien la volonté du secteur privé de réfléchir à de nouveaux types de partenariats avec le gouvernement. La section ci-dessous est consacrée au point de vue de différents groupes de l'industrie sur la R-D et la commercialisation, les compétences, le milieu de l'innovation et le renforcement des collectivités.

> « *Le coût élevé du capital au Canada, qui est en partie fonction de la réglementation et du régime fiscal, constitue l'obstacle le plus important à un accroissement des investissements dans la technologie, les ressources humaines et la R-D.* »
>
> Association canadienne de l'électricité

RECHERCHE, DÉVELOPPEMENT ET COMMERCIALISATION

Les dirigeants des secteurs étaient fermement convaincus qu'il est essentiel d'accroître notre capacité d'augmenter les connaissances grâce à la recherche fondamentale et appliquée pour faire du Canada un pays plus novateur. Ils approuvaient unanimement l'augmentation des fonds alloués aux conseils subventionnaires et à la recherche universitaire, annoncée dans le budget du gouvernement du Canada de 2001. Parallèlement, plusieurs mémoires demandaient aux organismes de financement de se montrer plus ouverts à la « recherche animée par la curiosité », ce qui permettrait aux scientifiques de donner suite à des « intuitions » prometteuses qui pourraient bousculer des théories et mener ultérieurement à des innovations.

Les leaders de l'industrie pensaient manifestement que le gouvernement peut et doit faire davantage pour stimuler la R-D en adoptant un régime de crédits d'impôt plus souple et plus généreux ainsi que des politiques d'approvisionnement stratégiques, et en renforçant les capacités des ministères fédéraux en sciences et en recherche. Certains ont également préconisé l'établissement de nouveaux partenariats qui permettraient au gouvernement, à l'industrie et aux universités de partager les installations de recherche, le personnel scientifique et technique et le personnel de gestion. Certains estimaient également que le gouvernement devait définir le rôle des universités, des gouvernements et du secteur privé au sein d'un cadre national de R-D afin d'arriver à un panachage plus productif de recherche fondamentale et appliquée. Les universités et le gouvernement devraient mettre davantage l'accent sur la recherche fondamentale et les applications industrielles. Un programme de recherche à long terme (de 20 à 50 ans) est essentiel, et le gouvernement doit insister sur sa réalisation parce que cet échéancier va au-delà des intérêts commerciaux des entreprises.

Les intervenants du secteur primaire ont indiqué qu'il faut voir dans la R-D une activité à long terme concertée. Selon eux, le Canada doit axer ses politiques de R-D et de commercialisation sur les domaines présentant le plus d'avantages éventuels pour le Canada, tel que celui des ressources naturelles.

Dans l'ensemble, les secteurs de l'industrie canadienne s'entendaient sur le fait que, pour porter l'investissement en R-D au niveau mondial, le gouvernement et le secteur privé devront y consacrer plus d'argent et mieux la dépenser. Certains ont demandé qu'un mécanisme national soit mis en place pour établir les priorités en matière de R-D dans des domaines tels que les infrastructures municipales, la santé, le logement et le développement durable. D'autres ont parlé de coordonner la recherche non exclusive, industrie par industrie, et de créer une base de données accessible sur la R-D canadienne, afin de réduire les chevauchements coûteux. Certains ont également suggéré de canaliser principalement vers les chercheurs qui ont déjà fait leurs preuves les dépenses en R-D financées par des recettes fiscales. Les divers secteurs de l'industrie avaient chacun leur point de vue, mais tous s'entendaient sur la nécessité d'adopter une approche reposant davantage sur une planification plus stratégique pour ce qui est des dépenses en R-D au Canada et des changements au Programme des crédits d'impôt pour la recherche scientifique et le développement expérimental. Beaucoup ont convenu aussi que les partenariats internationaux en R-D stimulent d'une façon importante l'innovation dans l'industrie canadienne.

Commercialisation

Les industries ont fait valoir qu'il existe un fossé à combler quant à la commercialisation de la technologie dans de nombreux secteurs, depuis celui du pétrole et du gaz jusqu'à celui des bioproduits.

Les leaders sectoriels estimaient que le gouvernement devrait aider les entreprises à mettre au point de nouveaux produits et procédés en assumant une part plus grande des risques. Faisant remarquer que « trop de bons travaux de R-D restent sur les tablettes », les champions de l'industrie ont demandé instamment aux décideurs d'intégrer dans les programmes de commercialisation une approche « de l'idée au marché », comme le gouvernement fédéral l'a fait, par exemple, pour la recherche dans les domaines de l'énergie, des sciences et de la technologie. Bien que la part des entreprises dans les investissements doive augmenter à mesure que la R-D s'approche de la commercialisation, le gouvernement a un rôle essentiel à jouer par rapport à la réglementation et au régime fiscal pour permettre au secteur privé de réussir. Il doit aussi servir de catalyseur en entreprenant des travaux de R-D à long terme et à risque élevé.

Il y avait un autre message clé, à savoir qu'il est primordial d'améliorer l'accès au capital-risque et au financement des exportations à risque élevé pour accélérer le rythme de l'innovation dans les entreprises canadiennes. Certains estimaient qu'il serait bon de changer la Banque de développement du Canada et de lui confier explicitement un mandat axé sur la commercialisation. Il a été proposé, par ailleurs, de suivre l'exemple d'autres pays du G-8 et de créer au Canada une institution financière de développement. D'autres considéraient qu'une meilleure coopération entre les organismes existants, dont la Banque de développement du Canada, Exportation et développement Canada et les banques à charte, améliorerait l'offre de financement flexible et à long terme. Certains ont proposé en outre d'assouplir les restrictions au placement initial de titres de jeunes entreprises et d'offrir des encouragements fiscaux aux bailleurs de fonds qui fournissent du « capital patient », afin d'améliorer ainsi l'accès des petites et moyennes entreprises au capital.

Dans leurs mémoires, les secteurs de la fabrication, de la transformation et de l'énergie préconisaient pour la plupart de nouvelles injections de fonds dans la Fondation canadienne pour l'innovation, le Programme d'aide à la recherche industrielle, le Programme de recherche et de développement énergétiques, les Mesures d'action précoce en matière de technologie et Partenariat technologique Canada. Plusieurs souhaitaient que le gouvernement clarifie les politiques en matière de recouvrement des coûts, qu'il élargisse le mandat des programmes susmentionnés et les critères d'admissibilité connexes, et qu'il simplifie les formalités de demande pour que les petites et moyennes entreprises y aient accès plus facilement.

Plusieurs secteurs ont également proposé que le gouvernement tire parti de ses politiques d'achat pour encourager la commercialisation en appuyant des projets pilotes qui portent sur une technologie nouvelle, et en adoptant un règlement sur le contenu canadien pour les projets d'immobilisations de grande envergure.

> *« Dans notre monde en constante évolution, le succès repose en grande partie sur la rapidité de mise en marché, surtout pour les petites entreprises de technologie de pointe dont le seul véritable actif réside dans la propriété intellectuelle de produits qui, généralement, n'ont pas encore fait leurs preuves. Il faut pouvoir compter sur un système de financement novateur à l'appui d'une approche équilibrée visant à la fois la mise au point des produits et le développement des marchés. »*
>
> Centre canadien des communications maritimes

MILIEU DE L'INNOVATION

Les leaders de l'industrie ont souligné que plus de clarté, de stabilité, de certitude et de cohérence dans les politiques, les programmes et les règlements fédéraux, provinciaux et municipaux aurait une incidence favorable sur l'investissement du secteur privé et encouragerait la R-D et la commercialisation. D'après les participants, les mesures fiscales et réglementaires, le droit de la propriété intellectuelle ainsi que la politique sur la concurrence et la politique commerciale devraient tous être considérés comme propres à stimuler l'innovation.

Ils estimaient, par ailleurs, qu'une solide infrastructure commerciale publique, y compris un réseau haute vitesse à large bande très accessible, et un système d'enseignement public de tout premier ordre, favoriseraient l'innovation.

Réforme de la réglementation

La réforme de la réglementation représentait une priorité absolue pour les leaders de l'industrie, en particulier dans les secteurs de la biotechnologie, des ressources naturelles (énergie, minéraux et métaux, foresterie), de l'environnement, des produits pharmaceutiques et des instruments médicaux. Les participants s'entendaient généralement sur la nécessité de réduire les formalités administratives et d'accélérer les processus d'accréditation. Pour beaucoup, il était urgent que les provinces harmonisent leurs codes d'homologation des produits et leurs autres normes, et que le Canada en fasse de même avec ses principaux partenaires commerciaux, par voie de négociation. Ils ont aussi milité en faveur d'une simplification et d'une harmonisation des règlements; ils ont également réclamé une réglementation qui améliorerait la productivité et la compétitivité ainsi que la position relative du Canada face aux États-Unis.

Il était précisé dans plusieurs mémoires que les secteurs de l'industrie acceptent la nécessité d'une réglementation, mais d'aucuns craignaient que dans bien des cas, les organismes de réglementation ne réagissent pas assez vite pour que les entreprises canadiennes puissent profiter de possibilités sur le marché mondial. Ces participants ont suggéré de mener à bien d'ici à 2005 un examen approfondi de la réglementation, secteur par secteur, soit bien avant l'échéancier de dix ans proposé dans *Atteindre l'excellence*. Selon un autre commentaire qui revenait souvent, le gouvernement doit lui-même s'efforcer d'innover en mettant au point des méthodes de réglementation « modernes » qui concilient la santé, la sécurité et l'environnement, entre autres préoccupations, et les réalités de la concurrence auxquelles sont confrontées les entreprises qui innovent.

Plusieurs secteurs de l'industrie estimaient que des mesures visant les changements climatiques se traduiraient par de nouveaux règlements, ce qui rendrait le Canada moins intéressant pour les investisseurs en R-D. D'autres avaient une position différente sur la question. Ainsi, dans ses mémoires, le secteur de l'énergie soulignait que la lutte contre le changement climatique et la réduction des émissions de gaz à effet de serre doivent figurer parmi les objectifs de la *Stratégie d'innovation*. Selon lui, la réalisation de ces objectifs repose en grande partie sur l'innovation.

Sur le front de la réglementation, les industries culturelles ont exprimé des préoccupations particulières au sujet des règles qui régissent le contenu canadien en ce qui a trait à la radiodiffusion et à la protection des droits de propriété intellectuelle pour les artistes, les interprètes et les auteurs, entre autres créateurs. Le secteur de la biotechnologie et le secteur pharmaceutique s'inquiétaient de la longueur des processus d'octroi des brevets. Quant aux leaders des secteurs de la forêt, des mines, du pétrole et du gaz, ils souhaitaient que l'on recoure davantage à une réglementation environnementale fondée sur la performance et que l'on prête plus attention aux droits des Autochtones afin d'arriver à un accès certain et prévisible aux terres et aux ressources.

Mesures fiscales

Les mémoires de tous les secteurs traitaient du régime fiscal canadien et de son incidence sur les décisions d'investissement des sociétés. Tout en se réjouissant des mesures prises récemment pour réduire le fardeau fiscal fédéral, les leaders de l'industrie déclaraient qu'il fallait faire plus pour créer un « avantage fiscal visible », afin d'encourager les entreprises canadiennes et les multinationales présentes au Canada à investir dans des innovations portant sur les produits et les procédés. La plupart estimaient que les taux d'imposition des bénéfices des entreprises et du revenu des gens restent trop élevés par rapport à ceux de nos concurrents et que les gouvernements fédéral et provinciaux doivent harmoniser sans tarder les politiques fiscales. Nombre de participants pensaient que l'impôt sur le capital, qui n'est fonction ni du rendement ni de la rentabilité, nuit grandement à l'innovation et qu'il devrait être supprimé purement et simplement. En outre, beaucoup pensaient également qu'une réduction sensible des primes d'assurance-emploi libérerait des fonds que l'on pourrait investir dans l'innovation, notamment dans les petites et moyennes entreprises.

Dans leurs mémoires, la plupart des secteurs examinaient également l'incidence des crédits d'impôt à la recherche scientifique et au développement expérimental, et ils proposaient différentes mesures pour en améliorer l'efficacité. Certains préconisaient d'élargir l'éventail de dépenses admissibles pour y inclure les études de marché et d'autres activités réalisées en dehors des laboratoires et, en l'absence de capacité canadienne particulière, les travaux effectués à l'étranger. D'autres préconisaient une prolongation des périodes de report, un relèvement du plafond de dépenses actuellement fixé à 2 millions de dollars et un examen visant à déterminer s'il est bon de laisser des entreprises vendre leurs crédits d'impôt pour obtenir un financement.

Plusieurs dirigeants de l'industrie estiment que le programme de crédit d'impôt à la R-D n'est pas favorable aux petites et moyennes entreprises et que des modalités de demande rebutantes constituent un réel obstacle pour les « microentreprises ». Certains proposaient que l'Agence des douanes et du revenu du Canada travaille en collaboration avec l'industrie à l'élaboration d'un programme d'information qui expliquerait aux petites et moyennes entreprises le type d'activités de R-D pouvant donner droit à un allégement fiscal.

Plusieurs mémoires faisaient remarquer que les encouragements canadiens à la R-D sont en concurrence directe avec ceux offerts dans d'autres pays, en particulier par les gouvernements des États américains. Dans le même ordre d'idées, certains ont insisté sur le fait que les encouragements fiscaux canadiens doivent être assez attrayants pour renverser la tendance des multinationales à faire de la R-D dans leur propre pays.

Développement des marchés

Les représentants sectoriels s'entendaient sur le fait qu'il est important d'instaurer un climat plus propice à l'innovation pour faire connaître le Canada comme pays producteur de produits et services de qualité et comme endroit de prédilection où investir et travailler. Quelqu'un a proposé que le gouvernement et l'industrie adoptent une approche similaire à celle d'« Équipe Canada » pour mettre en évidence les réussites canadiennes et nous faire connaître dans le monde.

En plus de parler de la question de l'image, certains leaders demandaient que des efforts concertés soient déployés pour favoriser une plus large utilisation des technologies canadiennes, au lieu d'importer l'essentiel de nos produits issus du savoir. Quelques mémoires préconisaient également d'élaborer une stratégie nationale pour attirer des projets de recherche internationaux, en faisant valoir que les chercheurs canadiens pourraient ainsi travailler avec des experts du monde entier et acquérir des compétences qui serviraient aussi dans d'autres projets de

R-D. Par ailleurs, ces participants estimaient que les projets internationaux pourraient aider à faire revenir au Canada des scientifiques canadiens expatriés et à attirer des scientifiques étrangers.

MAIN-D'ŒUVRE QUALIFIÉE

D'après les leaders de l'industrie, la performance sur le plan de l'innovation est intimement liée à l'existence d'une main-d'œuvre hautement qualifiée, et la plupart demandaient aux gouvernements d'augmenter les dépenses publiques de la maternelle à la fin du secondaire et au-delà. Ainsi, on lisait dans un mémoire : « Nous devons adopter, dans le domaine de l'éducation, une approche harmonisée et concertée, assortie d'une vision cohérente », afin de former une main-d'œuvre de tout premier ordre. Dans bien des mémoires, on reconnaissait que des problèmes démographiques se dessinent à l'horizon pour le Canada en ce qui concerne la main-d'œuvre, et d'aucuns considéraient que l'éducation des adultes et la formation continue devaient être deux des piliers de toute stratégie de perfectionnement de la main-d'œuvre.

Nombre de mémoires insistaient sur le fait que, pour relever le défi des ressources humaines au Canada, il faut adopter une optique plus large, c'est-à-dire ne pas se limiter à former des scientifiques, des ingénieurs et des techniciens. Dans de nombreux secteurs, c'est la demande d'ouvriers spécialisés et de spécialistes très polyvalents qui est la plus urgente. Comme on le précisait dans un mémoire, on ne comblera pas ce besoin en se contentant d'augmenter le nombre de diplômés universitaires. D'autres participants ont souligné que, en ce qui a trait aux titulaires d'une maîtrise ou d'un doctorat, il ne s'agit pas tant de pénurie que d'absorber ces personnes hautement qualifiées dans la population active. Ce défi de l'« intégration » pose un problème particulier aux petites et moyennes entreprises.

> *« Nous devons mettre en place un système fiable qui permettra de repérer, d'appuyer et de récompenser de vrais innovateurs, sans cela, quelqu'un d'autre le fera. »*
>
> Association canadienne des producteurs pétroliers

Alignement du système d'apprentissage en fonction des besoins du marché du travail

Le renforcement des liens entre les différents secteurs, le gouvernement et le milieu de l'éducation représentait une grande priorité pour les secteurs de l'industrie. Ces liens sont nécessaires pour que les programmes d'études, les enseignants et les élèves suivent l'évolution constante des compétences recherchées et du marché du travail.

« Le Canada doit produire davantage de diplômés en sciences. Il s'agit là d'un des principaux obstacles à surmonter pour stimuler l'innovation dans le secteur de la biotechnologie. Son succès par rapport à cette priorité dépendra de la capacité des pouvoirs publics et de l'industrie de travailler ensemble afin d'atteindre l'objectif commun, qui est d'encourager les étudiants à faire des études scientifiques. »

Aventis Pasteur

Plusieurs secteurs de l'industrie étaient d'avis que l'enseignement, de la maternelle à la fin du secondaire et au-delà, devrait s'éloigner de la technologie appliquée et des autres compétences élevées, pour se tourner vers la science fondamentale, l'imagination créatrice et les compétences en gestion. Pour beaucoup d'entre eux, les bases d'une culture plus novatrice peuvent être jetées dans un enseignement primaire et secondaire qui reconnaît et récompense la créativité, stimule l'esprit d'entreprise et expose les jeunes apprenants à des situations de travail et à des problèmes réels, par l'intermédiaire de programmes coopératifs, de stages et autres. Les leaders des industries culturelles demandaient instamment aux décideurs de reconnaître le rôle de la culture lorsque l'on veut inciter les jeunes à apprendre. Comme quelqu'un l'a fait remarquer, « apprendre, ce n'est pas seulement améliorer ses notes en maths et en sciences ». Les participants ont ajouté que les talents essentiels pour innover, comme la créativité, l'esprit d'initiative, la patience, la souplesse et la fierté, se cultivent dans les arts. Il serait bon, au niveau postsecondaire, de remédier aux lacunes sur le plan des compétences en ce qui concerne la gestion et le financement de l'innovation en jumelant des écoles de commerce avec des facultés de sciences et de génie, et en intégrant des éléments de gestion, de marketing et de communications dans les programmes de ces dernières. Certains secteurs ont déploré qu'au chapitre de l'éducation permanente — des cours facilement accessibles aux adultes déjà membres de la population active —, ils accusent un retard considérable sur leurs concurrents aux États-Unis, en Grande-Bretagne, au Danemark, en Suède et en Finlande. Ils ont recommandé d'établir des liens plus étroits entre les universités et les collèges, l'industrie et les gouvernements pour définir les besoins en compétences et veiller à l'adoption de stratégies efficaces. Selon eux, il faut faire beaucoup plus pour aider les diplômés à surmonter l'obstacle qu'est le manque d'expérience pratique; on pourrait, par exemple, créer des stages d'entrée dans les postes. Les participants ont estimé que cela aiderait les entreprises à trouver des travailleurs expérimentés qui seraient productifs immédiatement.

D'après les leaders de divers secteurs, il est clairement temps pour le Canada de trouver des solutions à la pénurie imminente d'ouvriers spécialisés. Il est urgent, selon eux, d'adopter un programme de marketing pour remédier au problème d'image des métiers spécialisés et sensibiliser les élèves du primaire et du secondaire aux possibilités qu'ils offrent (par exemple, dans les services de transport). Ils ont demandé également aux gouvernements, à l'industrie, aux syndicats et aux éducateurs de collaborer, en ce qui concerne les programmes d'apprentissage, à l'élaboration de nouvelles approches créatives pour intéresser les jeunes. De nouveaux partenariats avec les collèges et les universités sont nécessaires pour proposer des programmes coopératifs, des stages et des apprentissages dans bien plus de secteurs de l'industrie[1].

---

1. *Il a été noté que la moitié environ des apprentis canadiens sont employés dans un secteur, à savoir la construction. D'autres industries aimeraient participer aux programmes d'apprentissage.*

À l'atelier de DRHC sur l'apprentissage dans les années à venir, bon nombre des exposés et des discussions portaient sur les mesures à prendre pour inciter plus de Canadiens à envisager une carrière dans un métier spécialisé et pour les encourager à rester dans ces métiers. Il a été question des images négatives de ces métiers qu'il faut surmonter, autant que de la nécessité de soutenir davantage les apprentis et les compagnons, ainsi que les employeurs, dans le système d'apprentissage. D'après les participants, l'évaluation et la reconnaissance des acquis continuent de jouer un rôle important dans la formation en apprentissage, car elles permettent aux travailleurs d'accélérer leur formation.

Les délégués ont déclaré qu'il est nécessaire de partager l'information à l'intérieur des secteurs et entre les secteurs, y compris les renseignements les plus récents et les prévisions concernant le marché du travail. Ils ont également insisté sur le fait qu'il est capital de permettre aux groupes sous-représentés d'accéder plus facilement au système d'apprentissage et d'y participer davantage. Ce point a été repris à l'atelier sur la stratégie du marché du travail pour les personnes handicapées, où les participants ont suggéré de sensibiliser davantage les entreprises et les syndicats aux questions relatives aux incapacités, y compris en travaillant avec eux pour éliminer les obstacles et dissiper les mythes concernant les aménagements. Les délégués ont aussi demandé que l'on fasse les études voulues sur les personnes handicapées, y compris des études qualitatives, et qu'une documentation sur les meilleures pratiques dans des domaines tels que les régimes de travail optionnels souples soit préparée.

À la Table ronde de DRHC sur les adultes dans la population active, les participants s'entendaient également sur la nécessité d'accroître le nombre d'apprentis et de surmonter le problème d'image des métiers spécialisés. Les participants ont attiré l'attention sur la nécessité d'une stratégie de marketing destinée à promouvoir l'apprentissage des adultes et de mesures visant à réduire les obstacles individuels (par exemple, le temps, les finances et la peur du système d'apprentissage) ainsi que les obstacles et les facteurs de dissuasion du côté des employeurs. Les participants étaient très favorables aussi à ce que les conseils sectoriels jouent un rôle à cet égard, d'autant qu'ils offrent un mécanisme qui permet aux petites et moyennes entreprises de faire des économies d'échelle et qui permet également de se faire part de renseignements et de meilleures pratiques en ce qui concerne le recrutement, la formation, l'adaptation et d'autres défis sur le plan des ressources humaines, et ce, dans tout un éventail d'industries. Les participants ont demandé à DRHC d'augmenter le financement de base des conseils sectoriels et de mieux exploiter leur potentiel.

Les délégués présents à la Table ronde de DRHC sur le renforcement des capacités communautaires pour reconnaître l'apprentissage s'entendaient également pour dire qu'un système national de reconnaissance de l'apprentissage en milieu de travail est nécessaire et qu'il devrait bénéficier de l'appui de tous les intervenants. Ils ont expliqué que ce système exigera l'engagement et le leadership du gouvernement, de l'industrie, des conseils sectoriels, des organisations syndicales et des établissements d'enseignement.

Formation

Beaucoup étaient convaincus que l'industrie canadienne peut redoubler d'efforts sur le front de la formation pour se mettre au niveau des États-Unis, du Royaume-Uni et d'autres pays. Ils savaient, cependant, que pour y parvenir les gouvernements doivent prendre en charge une plus grande part des coûts, que ce soit par des contributions directes, en appuyant les conseils sectoriels ou en instaurant un régime de crédit d'impôt à la formation.

Les leaders de plusieurs secteurs sont d'avis qu'un mécanisme qui ferait le lien entre les jeunes entrepreneurs et les gestionnaires, particulièrement au sein des petites et moyennes entreprises, d'une part, et d'autre part, des mentors au sein d'autres organisations, contribuerait à l'acquisition de compétences très nécessaires en gestion et en leadership.

Au cours de l'atelier organisé par DRHC sur le thème « Innovation en milieu de travail — les compétences et l'apprentissage », les participants ont examiné deux questions précises par rapport à la formation en milieu de travail, à savoir les compétences essentielles et la reconnaissance de l'apprentissage en milieu de travail. La formation aux compétences essentielles apporte les compétences fondamentales dont les travailleurs ont besoin pour acquérir des connaissances en technique et en gestion. D'après les participants, les conseils sectoriels sont un bon mécanisme pour offrir des programmes d'acquisition des compétences essentielles, et ils ont recommandé que l'on appuie les spécialistes du milieu de travail et des plans de carrière qui élaborent cette formation et la proposent.

En ce qui concerne la reconnaissance de l'apprentissage en milieu de travail, les participants à l'atelier ont souligné qu'il est essentiel, pour le perfectionnement de la main-d'œuvre, d'évaluer et de reconnaître les acquis. D'après eux, cette évaluation et cette reconnaissance se révèlent fort utiles pour reconnaître les connaissances et les compétences, favoriser les transferts, gagner du temps et économiser de l'argent sur le plan de l'éducation, et pour renforcer la confiance individuelle. Tous les délégués estimaient nécessaire d'améliorer l'accès à l'information sur la reconnaissance de l'apprentissage en milieu de travail, y compris les programmes types et

> *« Nous travaillerons en collaboration avec le gouvernement fédéral pour que la Stratégie d'innovation tienne compte des besoins des régions. Nous serons son partenaire dans la mise en œuvre de la Stratégie dans la région d'Ottawa. »*
>
> Centre de recherche et d'innovation d'Ottawa

la recherche existante. D'après eux, cela aiderait aussi à sensibiliser davantage aux besoins des adultes en matière d'apprentissage. Les petites et moyennes entreprises et les conseils sectoriels qui participaient à l'atelier ont ajouté qu'il est nécessaire aussi de définir les besoins particuliers de l'industrie dans un système de reconnaissance de l'apprentissage en milieu de travail plus vaste et pancanadien, afin de tenir compte des priorités mêmes de l'industrie. Selon eux, les conseils sectoriels peuvent jouer un rôle clé pour ce qui est de s'assurer que les petites et moyennes entreprises sont consultées dans ce processus.

Au cours de la Table ronde organisée par DRHC sur le renforcement des capacités communautaires pour reconnaître l'apprentissage, les participants ont expliqué que l'évaluation et la reconnaissance des

acquis sont nécessaires pour la croissance de la population active, car elles créent des possibilités d'intégration pour les Canadiens marginalisés et pour les immigrants. De l'avis des participants, un processus d'évaluation des acquis des immigrants (autrement dit, des compétences acquises par l'expérience dans leur pays d'origine) s'impose, ce qui, selon eux, est une question différente et plus globale que celle de la seule reconnaissance des titres de compétences étrangers. D'après les participants, l'évaluation et la reconnaissance des acquis aideraient à remédier aux pénuries de main-d'œuvre dans les métiers spécialisés, tout en facilitant l'intégration de travailleurs certifiés dans d'autres provinces ou d'autres pays. Ils recommandaient, entre autres, de réunir des données empiriques afin de savoir en quoi la reconnaissance des acquis contribue à la croissance économique et sociale.

Immigration

Les leaders de l'industrie s'entendaient sur le fait que l'immigration joue un rôle capital en matière de ressources humaines. En général, les mémoires sectoriels insistaient sur la nécessité d'une politique d'immigration axée sur les compétences et, en particulier, sur des modifications au système de points de manière à tenir compte autant des compétences avérées des candidats que de leur formation. Les participants recommandaient également d'assouplir le Programme concernant les travailleurs étrangers temporaires, d'adopter une procédure accélérée pour attirer au Canada des personnes hautement qualifiées et de suivre une approche plus stratégique pour attirer les étudiants étrangers les plus brillants et les encourager à rester au Canada après l'obtention de leur diplôme.

La majorité des leaders de l'industrie ont affirmé que les employeurs devaient participer plus activement au processus de sélection et de recrutement des immigrants et que l'industrie devait collaborer avec les gouvernements pour établir des normes de certification qui accéléreraient l'intégration des professionnels et des travailleurs qualifiés formés à l'étranger à la population active. Cependant, ils ont fait une mise en garde : il ne faut pas voir dans l'immigration quelque chose qui remplacerait l'amélioration des systèmes d'éducation et de formation canadiens, ou les programmes de perfectionnement de la main-d'œuvre intérieure du Canada.

RENFORCEMENT DES COLLECTIVITÉS

Les auteurs de plusieurs mémoires ont fait valoir que le développement doit s'opérer conjointement sur les plans économique, industriel et communautaire, et qu'il exigera de nouveaux partenariats entre, d'une part, l'industrie et, d'autre part, les milieux de l'éducation et de la formation et les divers ordres de gouvernement. Par exemple, plusieurs ont déclaré que l'appui fédéral accordé à l'infrastructure matérielle et sociale qui influe directement sur la qualité de vie revêtira une importance grandissante pour attirer dans les villes canadiennes les ouvriers spécialisés et les personnes hautement qualifiées qui stimulent l'innovation. De même, les représentants ont signalé que, dans les industries axées sur les ressources terrestres, les entreprises doivent, pour s'assurer l'appui des collectivités locales, manifester un sens plus évident et plus marqué de la responsabilité sociale et former d'autres partenariats novateurs.

Filières industrielles

D'après la plupart des mémoires sectoriels, les collectivités qui sont en mesure d'attirer une masse critique d'entrepreneurs et d'investisseurs peuvent devenir des carrefours de l'innovation et jeter les bases de relations mutuellement profitables entre les provinces et entre les pays dans le domaine de la R-D. Certains estimaient que les gouvernements devraient appuyer activement la création de filières industrielles en adoptant des mesures fiscales et des programmes, et en utilisant d'autres leviers, notamment, en regroupant à un même endroit les laboratoires publics et les établissements d'enseignement de manière à tirer parti des avantages et des synergies issus de la proximité géographique. D'autres ont signalé que cette proximité n'est pas importante dans certains secteurs et qu'un modèle de filière virtuelle est parfois plus approprié. Quoi qu'il en soit, ils étaient d'avis que, dans une vision nationale de l'innovation, il convient que le gouvernement appuie les filières. Des propositions ont porté sur le soutien aux filières dans huit domaines, entre autres : les piles à combustible, l'efficacité énergétique, les technologies océanologiques, les industries langagières, les bioproduits, les hydrocarbures plus propres, les recherches marines internationales et les produits de la forêt. Un des secteurs qui se prêtent au modèle des filières virtuelles est celui de l'efficacité énergétique industrielle. Les participants

> « *La* **Stratégie d'innovation du Canada** *devrait accorder beaucoup de place à la mise au point et à l'application de technologies habilitantes. Ces technologies, notamment les systèmes intelligents, les réseaux à large bande, la microélectronique, la biotechnologie et la nanotechnologie, ont des retombées positives sur toute l'économie et sont les piliers de nombreux secteurs industriels.* »
>
> PRECARN Incorporated

ont réclamé une politique cadre positive pour appuyer les filières et un examen de la façon dont les concurrents encouragent la formation des filières.

Selon une autre école de pensée, les filières prennent forme spontanément — on ne les crée pas. De nombreux leaders de l'industrie estimaient que les filières se forment et croissent en fonction des atouts et des avantages locaux, pour autant que les gouvernements créent les conditions macroéconomiques favorables grâce à la fiscalité, à l'éducation, à l'infrastructure, aux marchés publics et à d'autres leviers stratégiques. Plusieurs mémoires remettaient en question l'objectif proposé dans le document *Atteindre l'excellence*, lequel consiste à former 10 filières technologiques. D'autres se sont dits plutôt favorables à cet objectif, tout en faisant une mise en garde contre les embûches éventuelles, comme la redondance des installations, qui a pour effet de disséminer les modestes ressources en capital et en ressources humaines.

Services à large bande

Les leaders de l'industrie souhaitaient vivement que le gouvernement du Canada construise une infrastructure à large bande dans toutes les régions du Canada. Ils y voyaient un élément essentiel pour renforcer les collectivités et conférer un avantage de taille aux entreprises canadiennes qui essaient de pénétrer les marchés mondiaux.

B. L'OPINION DU SECTEUR DES TECHNOLOGIES DE L'INFORMATION ET DES COMMUNICATIONS

PROCESSUS DE MOBILISATION

Les établissements de recherche, les fabricants d'équipement de haute technologie, les développeurs de logiciels, les compagnies de téléphone, les câblodistributeurs, les organismes publics, les associations professionnelles et les organisations normalisées font tous partie du milieu des technologies de l'information et des communications (TIC). Le secteur des TIC regroupe plusieurs chefs de file canadiens en matière d'innovation auxquels notre pays doit 20 p. 100 de la croissance de son produit intérieur brut ces cinq dernières années. Les entreprises qui fabriquent l'équipement, développent les logiciels et les applications, et assurent les services dans le domaine, constituent le moteur de ce milieu. Ensemble, ces entreprises emploient 4 p. 100 des Canadiens, génèrent 6 p. 100 du produit intérieur brut et réalisent 45 p. 100 de la R-D industrielle.

Des applications et des procédés de cybercommerce stimulent la croissance de la productivité dans tous les secteurs de l'industrie. On estime qu'aux États-Unis, ces applications représenteront 40 p. 100 de la croissance de la productivité dans les dix prochaines années. En fait, ce secteur touche à tous les aspects de notre économie et de notre société, de la culture aux ressources, du secteur de la fabrication à celui du commerce de détail et des services, de l'éducation préscolaire à l'enseignement postsecondaire, et de la prestation des soins de santé aux services du secteur public.

Conscient du rôle que jouent les membres du secteur des TIC et de leur contribution à la capacité d'innovation du pays, Industrie Canada a consulté séparément le secteur des TIC au sujet de la nouvelle *Stratégie d'innovation du Canada*. Une cinquantaine d'entreprises, d'organisations et d'associations représentatives ont été invitées à participer à ces discussions. Parmi elles se trouvaient des petites et des grandes entreprises, des organismes de recherche de pointe, des créateurs d'applications et de contenu, ainsi que des organismes du secteur de l'éducation et du développement communautaire. Plus de 40 intervenants ont répondu à l'appel, en remettant un mémoire écrit ou en participant à des discussions bilatérales.

IMPRESSIONS GÉNÉRALES

En règle générale, le secteur des TIC a réagi de manière cohérente. Il était unanime à appuyer les grands objectifs de la *Stratégie d'innovation*, à convenir que l'innovation devrait être une priorité nationale et à approuver les orientations stratégiques proposées dans les documents *Atteindre l'excellence* et *Le savoir, clé de notre avenir*. Ils partageaient généralement le même point de vue au sujet des défis de l'innovation du Canada et des mesures à prendre pour créer une culture de l'innovation. D'après les intervenants du secteur des TIC, pour créer cette culture de l'innovation, le gouvernement, le secteur privé, le milieu universitaire, le système d'éducation et d'autres segments de la société civile doivent s'investir tout autant et avec la même détermination, et il faut définir clairement le rôle et les responsabilités des différents acteurs du système d'innovation. De plus, le réseautage et la communication entre ces milieux sont essentiels, et les rôles et responsabilités des différents acteurs du « système » de l'innovation doivent être

> *« Il y a une chose que le gouvernement du Canada devrait faire pour améliorer la capacité d'innovation du Canada et c'est de favoriser l'adoption rapide et générale de technologies améliorant la productivité. Cet objectif est, selon nous, tellement fondamental qu'il devrait être assorti d'une série de cibles. L'une des cibles pourrait être d'accroître, d'ici 2010, l'investissement dans les TIC, et ce, dans tous les secteurs de l'économie, afin de rattraper les États-Unis sur ce plan. »*
>
> Association canadienne de la technologie de l'information

clairs. Sur ce dernier point, ils ont insisté sur le fait que le rôle du gouvernement consiste à créer un environnement propice à l'innovation sur le marché et dans la société. Ainsi, les intervenants estimaient que les gouvernements devraient :

- appuyer la constitution d'une base de connaissances et de compétences du Canada;

- créer des régimes fiscaux et réglementaires concurrentiels qui favorisent l'innovation;

- être des clients exigeants en ce qui concerne les produits et services canadiens issus des TIC, afin d'améliorer leur propre productivité tout en appuyant l'innovation industrielle;

- assurer un leadership sur le plan des politiques;

- souligner les réussites et faire comprendre à tous les Canadiens l'importance de l'innovation.

Par ailleurs, on a observé un consensus sur le fait que l'innovation sur le marché est l'affaire du secteur privé. Les participants estimaient qu'elle repose notamment sur l'établissement et l'expansion de réseaux et de services canadiens à large bande; l'infrastructure de l'économie mondiale de l'information; la commercialisation de la recherche menée dans les laboratoires universitaires et publics; la mise au point de technologies, d'applications et de services propres à améliorer la productivité; et la promotion de la diffusion et de l'utilisation des technologies de l'information et des communications dans tous les secteurs commerciaux.

Enfin, les intervenants des TIC estimaient que le secteur à but non lucratif a un rôle clé à jouer dans l'application et l'utilisation de ces technologies pour favoriser l'innovation sociale (par exemple, dans l'éducation et les soins de santé) et développer le potentiel d'innovation des collectivités matérielles et virtuelles. En outre, ils considéraient qu'il existe des possibilités de partenariat entre le gouvernement, le secteur privé et le secteur à but non lucratif dans des domaines stratégiques tels que l'élaboration des politiques et des stratégies; le cheminement des idées dans le processus d'innovation, de la R-D aux applications; l'amélioration de l'éducation; et la participation enrichissante de tous les Canadiens à la culture d'innovation. Ainsi, les secteurs pourraient travailler en collaboration pour étendre l'accès aux connexions haute vitesse à large bande aux collectivités rurales et éloignées et à celles des Autochtones.

RECHERCHE, DÉVELOPPEMENT ET COMMERCIALISATION

Les participants appuyaient les propositions formulées dans la *Stratégie d'innovation* pour ce qui est de renforcer la R-D dans le secteur privé, les universités et les gouvernements, et d'améliorer la commercialisation de la recherche menée dans tous ces secteurs. En outre, ils voyaient une possibilité clé de partenariat et de collaboration entre ces secteurs par l'intermédiaire des organisations du « quatrième pilier » qui soutiennent les partenariats de R-D pour améliorer les résultats du Canada en matière d'application commerciale du savoir. Toutefois, ils se demandaient si les objectifs au chapitre de la R-D énoncés dans *Atteindre l'excellence* sont réalistes et suffisamment ciblés. Tout en approuvant généralement l'objectif qui consiste à améliorer le classement international du Canada en matière de R-D, certains estimaient qu'il n'est pas réaliste de vouloir passer du 15e rang à l'un des 5 premiers rangs mondiaux d'ici 2010, car cela exigerait une augmentation considérable des ressources financières et humaines. D'autres ont souligné que le document ne parle pas des innovations qui ne reposent pas sur la R-D, comme celles qui surviennent lorsque des entreprises utilisent les TIC pour améliorer

« *Faire connaître le nouveau secteur de la gestion de l'innovation technologique et du changement à un groupe représentatif plus vaste de Canadiens, en proposant des cours généraux de premier cycle en gestion de la technologie, en menant des travaux de recherche exploratoire sur les applications afin de prévoir les réactions des marchés, en encourageant de bonnes communications en sciences et en technologie, en s'acheminant vers la création d'un centre d'infrastructure civil évolutif, et en faisant progresser les plans relatifs à une infrastructure nationale de technologie biométrique.* »

Université de Waterloo

la productivité de leurs procédés de production, la gestion de leur chaîne d'approvisionnement ou la prestation de leurs services à la clientèle. Bien que les cibles et les indicateurs traditionnels de R-D ne tiennent pas toujours compte des innovations portant sur ces types de services, celles-ci ont une incidence directe sur la productivité du Canada et sur sa capacité de soutenir la concurrence internationale. Malgré ces préoccupations, les intervenants souhaitaient aller de l'avant aussi rapidement que possible et ils ont formulé plusieurs recommandations précises quant à ce qui doit être fait.

Recherche-développement

Les intervenants des grandes sociétés du secteur des TIC, dont des chefs de file comme Nortel Networks, IBM Canada et March Networks, ont réaffirmé leur détermination à demeurer le secteur canadien qui fait le plus de R-D industrielle. Ils sont optimistes pour l'avenir, malgré le ralentissement de la demande de matériel de réseau de télécommunications observé à l'heure actuelle dans le monde entier. D'après eux, la *Stratégie d'innovation* fera que tous les ordres de gouvernement veilleront à ce que le Canada demeure un endroit où il est intéressant d'investir et de créer des entreprises. Ils ont souligné qu'il ne suffit pas, pour instaurer un climat favorable, de faire en sorte que les encouragements à la R-D et le régime fiscal du Canada soient concurrentiels. Il faut aussi maintenir notre qualité de vie. En fin de compte, ce sont les personnes qui innovent, et le Canada doit demeurer un endroit où il fait bon vivre.

Les intervenants ont également attiré l'attention sur les nouveaux défis et possibilités qui se présentent par suite des changements structurels apportés aux activités de R-D dans le secteur des TIC, et sur la nécessité de veiller à ne pas perdre des compétences et des connaissances essentielles à cause de la crise que connaît actuellement l'industrie. Cette restructuration se caractérise par le passage de grandes usines où se pratiquait la R-D à des filières novatrices qui réunissent des petites et moyennes entreprises, des grandes sociétés, des universités et des gouvernements. D'après les intervenants, si l'on ne saisit pas cette possibilité, le Canada ne pourra pas maintenir la performance à son niveau actuel dans la R-D du secteur privé, et encore moins augmenter progressivement la R-D, tel qu'indiqué dans les cibles présentées dans la *Stratégie d'innovation*. Les intervenants ont parlé des nouvelles possibilités d'innovation qui s'offrent, alors que les grandes sociétés qui avaient toujours eu la part du lion dans la R-D sur les TIC donnent leur congé à des milliers de spécialistes en R-D hautement qualifiés, qui mettent leurs compétences au service des petites entreprises ou se lancent en affaires. En ce qui concerne les filières d'innovation, ces personnes hautement qualifiées et leurs petites et moyennes entreprises jouent de plus en plus un rôle clé dans la performance sur le plan de l'innovation, les grandes sociétés comptant sur elles pour une plus grande partie de leur R-D (par le biais de l'impartition, par exemple) et les laboratoires universitaires et publics misant sur elles pour faciliter la commercialisation.

Les participants des TIC ont souligné que, pour faciliter la transformation de la R-D dans leur secteur, il faut adopter de nouvelles approches relatives à des questions telles que le transfert de technologie et les droits de propriété intellectuelle, d'autant plus que les filières d'innovation remplacent les grandes sociétés et que les investisseurs providentiels et les sociétés d'investissement en capital-risque, sur lesquels comptent généralement les petites et moyennes entreprises, deviennent une source de plus en plus importante de fonds pour la R-D. La transformation fait également ressortir l'importance des nouvelles questions telles que l'accroissement de la capacité en R-D des petites et moyennes entreprises (par exemple, les normes ouvertes et les logiciels libres).

Parmi les mesures proposées pour résoudre les problèmes relatifs à la création du savoir, mentionnons la formation de partenariats pour faciliter le redéploiement du personnel hautement qualifié dans les jeunes entreprises, les petites et moyennes entreprises, d'autres secteurs industriels et le milieu universitaire. Les intervenants demandaient, par ailleurs, au gouvernement d'adopter une approche globale par rapport aux questions touchant à la politique, à la réglementation et aux normes qui influent sur le transfert de technologie et la commercialisation (par exemple, les normes ouvertes, les logiciels libres, l'attribution des bandes de fréquences du spectre et les droits d'auteur), faisant ainsi de la R-D une activité qui vaut la peine d'être entreprise.

Commercialisation

D'après les participants, le renforcement du rôle des organisations de R-D du « quatrième pilier » issues du secteur des technologies stratégiques constitue une priorité immédiate en matière de commercialisation. Ces organisations établissent et gèrent des partenariats de R-D afin de passer avec le moins d'accrocs possibles de la R-D à l'application de la technologie, puis à la commercialisation sur les marchés canadiens et étrangers. Les participants ont formulé des propositions à cet égard :

- S'appuyer sur l'expérience déjà acquise au sein de la Société canadienne de micro-électronique, ainsi que dans le domaine des systèmes intelligents (par exemple, par l'intermédiaire de PRECARN) et des réseaux avancés (par exemple, par l'intermédiaire de CANARIE); renforcer les atouts du Canada dans ces domaines; et adopter cette approche pour les nouvelles technologies de base, comme l'informatique de pointe et les services à large bande par fibres optiques et sans fil.

- Donner suite aux propositions et aux engagements des principales universités de recherche afin d'améliorer le transfert et la commercialisation des connaissances issues de leurs laboratoires. Cela pourrait se faire en mettant en place des incubateurs et des accélérateurs technologiques (ce qui serait bon aussi pour les filières d'innovation), par le biais de l'éducation et de la formation, et en constituant un réseau national de bureaux universitaires de transfert des technologies.

En ce qui a trait aux programmes fédéraux qui aident spécifiquement à commercialiser la R-D canadienne, les participants du secteur des TIC ont recommandé d'en préciser le mandat et même de les regrouper pour améliorer leur efficacité globale et réduire les obstacles à la participation. Ils ont également préconisé que le gouvernement fédéral aide Exportation et développement Canada à accroître son marketing international des TIC canadiennes, qu'il augmente le nombre de délégués commerciaux affectés à cette tâche et que les activités fédérales proprement dites mettent davantage en évidence les produits et services novateurs canadiens grâce à une politique d'approvisionnement plus dynamique.

Enfin, les participants estimaient qu'en plus de l'accent qu'elle met actuellement sur la commercialisation de la R-D, la *Stratégie d'innovation du Canada* doit insister davantage sur la diffusion, l'application et la gestion des technologies qui améliorent la productivité dans tous les secteurs économiques et sociaux. Selon eux, on comprend bien l'innovation fondée sur la R-D classique, mais on connaît peu l'innovation reposant sur des améliorations liées aux TIC qui permettent de perfectionner les procédés de production, la gestion de la chaîne d'approvisionnement ainsi que le mode d'exploitation des entreprises et de prestation des services publics. Toutefois, le peu que l'on sait donne à penser que l'écart grandissant entre le Canada et les États-Unis sur le plan de la productivité est attribuable, du moins en partie, au fait que les entreprises américaines adoptent davantage les TIC — mentionnons notamment l'adoption récente de procédés de cybercommerce dans Internet. Les intervenants du secteur des TIC préconisaient d'élargir le cadre d'innovation à des objectifs, cibles, priorités stratégiques et paramètres concernant plus particulièrement les défis inhérents à la diffusion, à l'application et à la gestion des TIC qui améliorent la productivité dans tous les secteurs commerciaux et dans la prestation des services publics.

MILIEU DE L'INNOVATION

Les intervenants du secteur des TIC estimaient que le gouvernement peut jouer un rôle important dans l'instauration d'un climat propice à l'innovation par le biais de groupes tels que l'Initiative canadienne pour le commerce électronique. En outre, certains participants ont demandé que l'on accorde plus d'importance à l'incidence du commerce et de la concurrence sur l'innovation. Ils ont également insisté pour que l'on tienne compte du profil économique unique du Canada, notamment du grand nombre d'industries de ressources et de la proportion importante de petites et moyennes entreprises dans notre économie. Selon eux, cela signifie que nous devons sortir des sentiers battus pour voir l'innovation comme un processus consistant à utiliser les TIC pour améliorer la productivité des méthodes administratives, les services publics et l'accès au marché pour les petites et moyennes entreprises, et ce, au moins autant que l'invention de nouveaux produits et procédés.

Mesures fiscales

Les représentants du secteur des TIC se déclaraient favorables à des mesures destinées à faire en sorte que les politiques canadiennes en matière d'impôt sur les bénéfices des sociétés et sur le revenu des gens soient concurrentielles par rapport à celles des autres pays. Ils ont proposé beaucoup de solutions précises pour améliorer le régime fiscal canadien, entre autres :

- Améliorer les crédits d'impôt à la recherche scientifique et au développement expérimental (par exemple, en les rendant remboursables); et élargir l'accès à ces crédits aux entreprises, nationales ou mondiales, privées ou publiques, qu'elles appartiennent au secteur manufacturier, à celui des logiciels ou des services.

- Supprimer l'impôt fédéral sur les crédits provinciaux à la R-D.

- Supprimer l'impôt sur les dépenses d'investissement.

- Accélérer l'amortissement du matériel de TIC.

- Créer des encouragements fiscaux à l'intention des sociétés qui utilisent des technologies améliorant la productivité.

- Créer des crédits d'impôt à la formation en TIC à l'intention des gens ou des sociétés.

Réforme de la réglementation

Les participants approuvaient vivement l'engagement pris dans la *Stratégie d'innovation* d'examiner tous les régimes de réglementation du gouvernement du Canada et souhaitaient que le secteur des TIC soit une priorité. Selon eux, le gouvernement devrait examiner sans délai :

- La politique et les règlements relatifs aux télécommunications, et particulièrement les règles fédérales concernant la participation étrangère, les politiques et les pratiques en matière de gestion du spectre et le barème des droits connexes.

- Certaines décisions et procédures du Conseil de la radiodiffusion et des télécommunications canadiennes, afin d'éliminer les obstacles à l'investissement, à l'innovation et à la concurrence.

- La réglementation du droit d'auteur, car selon eux, l'équilibre entre les droits des créateurs et les obligations des utilisateurs, dans des domaines tels que l'utilisation des TIC pour enregistrer un contenu culturel, mériterait d'être revu afin de s'assurer qu'il n'entrave pas indûment l'innovation.

À plus long terme, les représentants du secteur des TIC aimeraient que le gouvernement examine en profondeur le cadre de réglementation de leur secteur afin de revoir l'équilibre entre la réglementation et le libre jeu du marché; l'élimination de la réglementation asymétrique des industries qui offrent des services concurrents; et la restructuration éventuelle de l'appareil de réglementation fédéral, afin que la responsabilité des télécommunications, de la radiodiffusion et du droit d'auteur relève d'un seul organisme rationalisé.

MAIN-D'ŒUVRE QUALIFIÉE

Les intervenants du secteur des TIC déploraient que les cibles en matière de compétences ne soient peut-être pas assez détaillées ou reliées stratégiquement à d'autres volets de la *Stratégie d'innovation*. Par exemple, selon eux, il faut, pour accroître le nombre d'admissions aux études de deuxième ou troisième cycle, disposer d'un plus grand bassin de diplômés de premier cycle. Les universités devront donc attirer plus de professeurs, ce qui suppose pour elles de trouver des fonds supplémentaires pour la recherche.

Dans leurs mémoires, les intervenants du secteur des TIC proposaient plusieurs mesures ingénieuses pour former, retenir et attirer le personnel hautement qualifié nécessaire pour réaliser des travaux de recherche de tout premier ordre, appuyer la commercialisation et optimiser le redéploiement des talents résultant de l'évolution de la R-D dans le secteur des TIC. En outre, ils proposaient des solutions pour favoriser et attirer des compétences afin d'utiliser les technologies qui améliorent la productivité dans tous les secteurs économiques et sociaux, dont celles-ci :

- Des programmes d'entrepreneuriat pour les étudiants.

- Des programmes d'alternance travail-études améliorés, notamment dans le deuxième et le troisième cycle, qui attireront les étudiants étrangers les plus brillants.

- Des cours universitaires sur la gestion de la technologie, le savoir et l'innovation.

- Des programmes d'apprentissage et d'accréditation professionnelle en TIC dans le secteur privé.

- Des programmes d'évaluation et de reconnaissance des compétences en TIC des immigrants.

- Des crédits d'impôt à la formation en TIC.

- Une expansion du programme eCorps, qui aide les petites et moyennes entreprises à améliorer leur productivité en utilisant des modèles de cybercommerce et des procédés connexes reposant sur les TIC.

Alignement du système d'apprentissage en fonction des besoins du marché du travail

En général, les intervenants du secteur des TIC approuvaient le plan d'action global relatif aux compétences et à l'apprentissage présenté dans *Le savoir, clé de notre avenir* dont l'objectif est d'améliorer les résultats scolaires de la maternelle à la fin du secondaire, ainsi que l'accès à des études postsecondaires de qualité et le niveau de compétences et d'adaptabilité de la main-d'œuvre canadienne. Ils recommandaient d'offrir des possibilités de téléenseignement à tous les niveaux, du primaire aux cycles supérieurs, en proposant des mécanismes d'apprentissage en ligne pour appuyer le perfectionnement continu des compétences et promouvoir la connaissance du contenu en ligne.

RENFORCEMENT DES COLLECTIVITÉS

D'après les intervenants du secteur des TIC, il est essentiel que toutes les collectivités aient accès à un réseau haute vitesse à large bande pour pouvoir améliorer leur performance sur le plan de l'innovation. Cela leur ouvrirait non seulement de nouvelles possibilités commerciales, mais aussi de nouveaux modes d'accès à l'éducation, aux soins de santé et à d'autres services publics. Dans ce cas, le principal rôle du gouvernement consiste, selon eux, à être client des réseaux et des services à large bande, aux fins de la prestation de services publics aux collectivités rurales et éloignées et à celles des Autochtones. À leur avis, il incombe au secteur privé de mettre sur pied cette infrastructure et d'offrir des services au gouvernement, aux entreprises et aux gens.

Tout en appuyant à l'unanimité l'objectif établi par le gouvernement du Canada en ce qui concerne l'accès aux services à large bande, les participants ont formulé des questions quant à la création, d'ici à 2010, d'au moins 10 filières reconnues à l'échelle internationale. Ils soulignaient que les filières prennent le plus souvent forme spontanément, en présence d'une combinaison fortuite de nombreux éléments, dont la recherche, l'expérience des affaires, les conditions sociales et culturelles et les possibilités concernant les conditions de vie. Au lieu d'essayer de créer des filières, le gouvernement devrait, selon eux, appuyer celles qui se constituent. En outre, plusieurs intervenants estimaient qu'il est sans doute trop ambitieux pour un pays de la taille du Canada de vouloir créer 10 filières de calibre mondial et qu'il serait plus réaliste de viser à ce que des filières « réussissent au Canada ».

CHAPITRE 7

LE POINT DE VUE DES PETITES ET MOYENNES ENTREPRISES

PROCESSUS DE MOBILISATION

Les petites et moyennes entreprises (PME) sont le moteur de la croissance économique canadienne. L'économie canadienne regroupe quelque 2,3 millions de PME. D'après Statistique Canada, plus de 75 p. 100 de ces entreprises emploient tout au plus cinq personnes, tandis que 0,03 p. 100 seulement des entreprises canadiennes emploient 500 personnes ou plus. Les PME représentent plus de la moitié de la main-d'œuvre du secteur privé et, depuis cinq ans, leur part dans la création d'emplois ne cesse de croître. En fait, pour ces deux dernières années, on doit 65 p. 100 des créations nettes d'emplois aux PME comptant moins de 100 salariés[1]. De toute évidence, ces entreprises jouent un rôle important à ce chapitre et pour ce qui est de la croissance de la productivité au Canada.

Au début de 2002, Industrie Canada a commencé à chercher des solutions pour accroître la participation des PME au processus de mobilisation sur la *Stratégie d'innovation du Canada*. Il s'agissait de trouver une façon de permettre aux PME de participer facilement au processus sans avoir à se déplacer ou à y consacrer trop de temps au détriment de leurs activités quotidiennes.

En juin, un courriel a été envoyé aux dirigeants de milliers d'entreprises inscrites au Réseau des entreprises canadiennes[2]. Ce courriel les invitait à participer à un bref sondage en ligne. Il a également été question de l'enquête sur Strategis, site Web d'Industrie Canada qui sert de lien avec le milieu des entreprises. Les participants au sondage devaient exposer leur point de vue sur les trois principaux défis que l'innovation pose aux PME. Ils devaient ensuite proposer trois mesures clés afin de relever ces défis pour chacun des quatre grands thèmes, à savoir créer du savoir et le commercialiser plus rapidement; perfectionner les compétences dans l'optique de la nouvelle économie; instaurer le bon climat d'affaires et mettre en place la bonne réglementation; et renforcer les collectivités dans tout le Canada.

---

1. *Industrie Canada*, Bulletin trimestriel sur la petite entreprise, vol. 4, n° 2, octobre 2002.

2. *Le Réseau des entreprises canadiennes, accessible par Strategis, est la principale base de données d'Industrie Canada qui regroupe plusieurs centaines de répertoires d'entreprises en ligne. Environ 50 000 entreprises s'y sont inscrites. Tous les renseignements stockés dans la base de données ont été fournis sur une base volontaire par les entreprises qui souhaitent participer à diverses initiatives fédérales de promotion et de commercialisation de produits et services canadiens. Les entreprises invitées par courriel à participer aux discussions sur la Stratégie d'innovation avaient mis à jour leurs coordonnées après le 1er avril 2001. Les sections d'Industrie Canada les ont repérées comme appartenant à un ou à plusieurs secteurs reconnus de l'industrie. De plus, elles avaient fourni une adresse électronique commerciale pour recevoir des renseignements du gouvernement du Canada.*

En tout, 470 personnes ont répondu au sondage. Bien qu'elles ne soient pas statistiquement représentatives de l'industrie canadienne, les réponses reçues constituent une excellente source de renseignements détaillés fournis par 470 Canadiens, dont 82 p. 100 forment un vaste échantillon représentatif du groupe de PME ciblé par Industrie Canada.

Pour ce qui est de la représentation régionale, l'Ontario venait en tête, avec près de la moitié des répondants. Arrivaient ensuite le Québec (15 p. 100), la Colombie-Britannique (14 p. 100), l'Alberta, la Saskatchewan et le Manitoba (13 p. 100 chacune), les provinces de l'Atlantique (8 p. 100) et les territoires (moins de 1 p. 100). Plus de 87 p. 100 des réponses venaient d'entreprises comptant 50 employés ou moins. Plus de 27 p. 100 appartenaient au secteur des services, 18 p. 100 à celui de la haute technologie et un peu plus de 15 p. 100 à celui de la fabrication. La représentation d'autres secteurs tels que les ressources naturelles, le transport, la construction et les finances variait entre 1 et 3 p. 100.

Le personnel d'Industrie Canada a séparé et analysé les données du sondage par grands thèmes et examiné chaque commentaire. Il a aussi analysé les données secondaires pour savoir combien de fois certaines questions avaient été soulevées.

En plus de répondre au questionnaire, plusieurs PME ont présenté des mémoires qui renforçaient les principaux arguments avancés par les entreprises dans le cadre du sondage. Une description des défis cités et des interventions proposées dans chaque section du sondage est présentée ci-dessous par ordre de fréquence. Cette enquête s'ajoutait aux tables rondes et aux sommets régionaux auxquels de nombreuses PME ont participé.

RECHERCHE, DÉVELOPPEMENT ET COMMERCIALISATION

Selon un thème qui revient dans de nombreux mémoires présentés par les PME, les participants se sentent exclus à la fois du processus d'élaboration des politiques et des programmes de développement économique gouvernementaux. Nombre de PME estimaient que les grandes sociétés sont nettement privilégiées par rapport à elles en ce qui a trait au temps, à l'attention et à l'aide financière que leur accorde le gouvernement. Certaines pensaient, par ailleurs, que le gouvernement n'accorde pas autant d'attention aux entreprises établies à l'extérieur de l'Ontario et du Québec.

Dans l'ensemble, on relève un consensus quant à la nécessité que les gouvernements simplifient l'accès aux programmes et à l'information, et se concentrent sur un plus petit nombre de priorités stratégiques. Les programmes et services gouvernementaux sont trop complexes, d'après les répondants, et les formalités administratives pour y avoir accès sont trop lourdes, si bien qu'ils ne sont guère utiles aux PME.

Pour ce qui est des priorités, les entreprises urbaines s'intéressaient généralement davantage à la commercialisation de la R-D, tandis que les entreprises rurales se préoccupaient plus des questions d'équité et d'accès et de la nécessité d'améliorer la circulation de l'information ainsi que d'exploiter la technologie et de faciliter l'accès à l'information et aux possibilités d'apprentissage.

« L'industrie jouera un rôle de premier plan dans la création de ce centre de ressource pilote, qui fournira aux PME du secteur manufacturier des renseignements, des évaluations, des avis impartiaux et des services de formation et de gestion de projet. »

Secteur canadien de la fabrication et de la transformation

Défis

Dans leurs mémoires, diverses entreprises soulignaient que la commercialisation est semée d'embûches, que la commercialisation des idées de produits novateurs peut s'avérer très difficile et qu'il faut beaucoup plus qu'une simple collaboration entre les établissements d'enseignement, les investisseurs du secteur privé, les sociétés et le gouvernement pour mener de nouveaux produits de leur conception au client. Dans le sondage, les PME ont soulevé près d'une dizaine de questions fondamentales sur le défi à relever pour créer des connaissances et les commercialiser. Voici les cinq questions qui revenaient le plus souvent :

- *La nécessité de niveaux de financement et d'appui durables pour les PME, y compris une aide non financière, comme l'aide au marketing et l'information à l'exportation.* Différents mémoires expliquaient que l'aide financière doit compenser les coûts directs liés à l'adoption de la technologie (par exemple, l'utilisation d'applications de cybercommerce) et que des mesures d'incitation financières novatrices sont nécessaires pour garantir l'accès au capital-risque.

- *La nécessité que le gouvernement assure un leadership et engage des réformes afin d'améliorer l'efficacité, de réduire le fardeau réglementaire et d'accroître l'harmonisation entre les différents ordres de gouvernement.* Les entreprises craignaient que le gouvernement intervienne dans trop de domaines et fasse ainsi concurrence au secteur privé. Différents mémoires soulignaient que le gouvernement doit agir davantage comme « utilisateur modèle », en encourageant le développement et l'application des technologies canadiennes novatrices.

- *La circulation inégale de l'information entre les gouvernements, d'une part, et les entreprises et les Canadiens, d'autre part, en ce qui concerne les données économiques, les débouchés commerciaux et les possibilités commerciales s'offrant en général aux entreprises.* Les entreprises expliquaient qu'il faut exploiter pleinement Internet pour améliorer l'accès à l'information stratégique, dont les petites entreprises se sentaient particulièrement exclues.

- *La nécessité d'un changement culturel à l'appui de l'innovation.* Les entreprises faisaient observer qu'il régnait une certaine complaisance au sein de l'industrie, du gouvernement et du grand public en ce qui concerne la nécessité d'adopter un programme et un plan d'action en matière d'innovation. Elles ont déclaré que les Canadiens se contentent généralement de changements marginaux, au lieu d'innover avec audace, notamment dans le secteur des PME, ce qui semble constituer un atout chez leurs concurrents américains directs.

- *La nécessité d'améliorations au chapitre de l'éducation et de la formation, tant dans les filières universitaires que professionnelles.* Nombre de PME estimaient que le système d'éducation doit absolument être réorganisé, notamment pour créer des programmes d'études plus tournés vers l'avenir, assurer un financement soutenu et offrir plus de possibilités de formation continue en milieu de travail.

Interventions proposées

Les répondants ont proposé 16 domaines d'intervention. Voici les cinq les plus souvent mentionnés :

- *Mesures d'encouragement sélectives.* D'après les PME, une aide financière et non financière s'impose pour relever le défi du savoir, par exemple, des crédits d'impôt, des prêts et des subventions ainsi qu'une aide au marketing et en gestion, de l'information à l'exportation et l'accès aux renseignements gouvernementaux. Par ailleurs, l'aide financière devrait être ciblée sur un plus petit nombre de possibilités et les formalités de demande devraient être simplifiées pour tenir compte des petites entreprises. Différents mémoires louaient le Programme d'aide à la recherche industrielle, tout en soulignant qu'il faudrait le rendre plus efficace et augmenter le nombre de conseillers qu'il met à la disposition des PME et élargir sa portée.

- *L'intervention des gouvernements sur le plan de la vision, du leadership et de l'efficacité.* Beaucoup de répondants signalaient un manque apparent de coordination entre les différents ordres de gouvernement et entre les ministères et les organismes publics. Selon eux, il est essentiel d'adopter une vision et une orientation plus claires ainsi qu'une approche axée sur la collaboration et la coordination mettant à contribution des partenaires du secteur privé et du milieu de l'enseignement. En outre, ils étaient convaincus de la nécessité d'examiner les systèmes, les processus et les règlements existants, et de réduire ou de supprimer ceux qui sont indûment coûteux ou qui font double emploi.

- *Une attention et un appui accrus et de meilleures normes en matière d'éducation et de formation.* Nombre de répondants estimaient qu'une collaboration accrue entre les provinces s'impose et que le gouvernement fédéral devrait participer davantage à l'établissement de plans d'action et de normes visant à améliorer le système d'éducation à l'échelle nationale. D'autres estimaient qu'il faudrait multiplier les possibilités d'apprentissage et de formation en technologie ainsi que les programmes de formation générale stratégiques.

- *L'amélioration de la communication et de la circulation de l'information entre les différents intervenants.* Les PME faisaient observer que l'accès aux renseignements gouvernementaux devrait être gratuit. Elles souhaitaient également que la circulation de l'information et les échanges d'idées entre le gouvernement, les universitaires et le milieu des entreprises soient meilleurs.

- *Plus de partenariats et de réseaux entre tous les intervenants.* Les PME s'entendaient pour dire que l'élaboration et la commercialisation de produits et services, en particulier à l'échelle mondiale, nécessitent la formation de partenariats pour répartir les risques, mettre en commun les compétences et créer des synergies dans des domaines tels que le marketing et la distribution. Beaucoup de répondants faisaient remarquer que les petites entreprises de R-D ont du mal à commercialiser avec succès des idées nouvelles sans l'appui d'un réseau plus vaste. D'après plusieurs répondants, la création ciblée de filières virtuelles est la meilleure solution pour former ces partenariats et surmonter des obstacles tels que la distance, et le gouvernement, le milieu de l'enseignement et le secteur privé devraient faire partie de ces réseaux.

MAIN-D'ŒUVRE QUALIFIÉE

Dans ce domaine aussi, les critiques des PME visant le système d'éducation et de formation portaient principalement sur les thèmes de l'isolement, de la complexité et du manque de coordination entre les gouvernements et au sein des gouvernements. Ces thèmes occupaient également une place importante dans les mémoires présentés par les entreprises.

Défis

Au total, les répondants ont nommé 17 grands défis dans ce domaine. Voici les quatre qui revenaient le plus souvent :

* *La nécessité de réorienter et d'appuyer l'éducation et la formation.* Les PME critiquaient vivement l'état actuel du système canadien d'éducation et de formation. Parmi les préoccupations exprimées, mentionnons le matériel pédagogique désuet, le peu d'importance accordée aux nouvelles possibilités, le vieillissement du personnel enseignant, les frais de scolarité prohibitifs et la sous-utilisation des possibilités d'apprentissage en ligne. Tout en reconnaissant la nécessité de la formation continue, les PME étaient préoccupées par le fait que, sans l'aide ou les mesures d'encouragement du gouvernement, le coût de la formation professionnelle dispensée aux employés serait prohibitif. Elles s'entendaient sur le fait qu'une politique d'immigration plus ciblée pourrait aider à atténuer la pénurie de main-d'œuvre à court terme, mais soulignaient que le système d'éducation et de formation canadien doit être réorganisé. Dans leurs mémoires, certaines entreprises insistaient sur le fait qu'il faut s'intéresser aux bassins de personnes talentueuses sous-utilisées, comme les femmes, les peuples autochtones, les immigrants, les personnes handicapées, les travailleurs déplacés et les jeunes à risque.

* *La nécessité d'une nouvelle façon de penser ou d'un changement de culture.* Les PME déploraient une certaine complaisance en ce qui concerne la nécessité d'adopter un plan d'action relatif au perfectionnement des compétences. Selon les répondants, on accorde trop d'attention aux marchés et aux enjeux locaux et pas assez aux nouvelles possibilités dans l'économie mondiale. Par ailleurs, ils s'inquiétaient de l'absence de normes nationales en matière d'éducation. Dans leurs mémoires, différentes entreprises soulignaient qu'il est nécessaire d'accroître le nombre de diplômés en sciences.

* *Les difficultés d'attirer et de retenir des travailleurs qualifiés.* Pour les représentants des PME, le manque de possibilités d'emploi stimulantes dans des domaines de pointe et, en particulier, les salaires plus modestes et les impôts sur le revenu des gens plus élevés qu'aux États-Unis expliquent en grande partie ce problème. Cependant, ils reconnaissaient qu'il est difficile de retenir les travailleurs qualifiés et d'attirer les immigrants qualifiés, car ils connaissent mal les avantages qu'offre le Canada.

* *Les inégalités et contradictions au chapitre des qualifications et des normes, en particulier les différences entre les provinces à cet égard.* Pour les représentants de nombreuses PME, la difficulté constante qu'il y a à recruter une main-d'œuvre qualifiée et à profiter des compétences des immigrants tient à ce manque d'uniformité. Les PME attiraient également l'attention sur l'étroitesse d'esprit apparente de certains syndicats et organismes professionnels qui empêchent les immigrants qualifiés de travailler à un niveau correspondant à leurs études et à leur formation.

Interventions proposées

Au total, les répondants ont nommé 16 interventions qui contribueraient, selon eux, à mieux préparer la main-d'œuvre canadienne pour l'avenir. Voici les quatre interventions qui revenaient le plus souvent :

- *La réorientation de la formation universitaire, collégiale et professionnelle par rapport aux besoins en main-d'œuvre actuels et futurs.* Dans leurs mémoires, différentes entreprises suggéraient de créer de nouveaux centres de formation dirigés par l'industrie afin de promouvoir et de superviser la formation à certains métiers et compétences techniques; de mettre en place un meilleur système pour promouvoir les écoles d'enseignement professionnel et technique; et d'instaurer un nouveau mécanisme de financement pour permettre à l'industrie et aux établissements d'enseignement d'obtenir une aide afin d'offrir plus de programmes coopératifs.

- *Des mesures d'encouragement ciblées destinées aux entreprises et aux particuliers.* Une aide devrait être proposée aux employeurs et aux particuliers, y compris des crédits d'impôt, des prêts et des subventions, pour les aider à surmonter les obstacles que constituent les frais de scolarité en hausse et le manque de temps, ainsi qu'une aide non financière, par exemple, l'accès à du matériel de formation, à des ressources d'apprentissage en ligne et à de l'information diffusée par des réseaux.

- *La collecte et la diffusion des renseignements sur les besoins en main-d'œuvre futurs.* Les PME recommandaient de diffuser et d'utiliser ces renseignements pour remanier les programmes scolaires et de formation et pour optimiser l'enseignement virtuel. Une plus grande utilisation de l'apprentissage en ligne figurait parmi les thèmes mentionnés le plus souvent par les PME, qui s'estimaient exclues des systèmes d'éducation et de formation professionnelle. En outre, elles déconseillaient d'élaborer des programmes universitaires et collégiaux, si cela empêche de prêter davantage attention aux programmes d'apprentissage et de formation technique, que nombre de répondants estimaient nécessaires.

- *La coordination de l'intervention des gouvernements sur le plan de la vision, du leadership et de l'efficacité.* Dans ce domaine également, les PME soulignaient que les gouvernements n'assurent apparemment pas de leadership concerté et tourné vers l'avenir. Les répondants étaient nombreux à recommander aux gouvernements d'envisager d'encourager les partenaires du secteur privé et du milieu de l'enseignement à jouer un plus grand rôle relatif à l'éducation, au perfectionnement des compétences ainsi qu'à l'élaboration des règlements et des stratégies. Ils considéraient, en général, que le rôle du gouvernement en la matière consiste principalement à prévoir quelles seront les compétences recherchées et à adopter une politique d'immigration plus ciblée pour aider à remédier aux pénuries de main-d'œuvre.

RENFORCEMENT DES COLLECTIVITÉS

Les représentants des PME ont évoqué bon nombre des questions mentionnées ailleurs, par exemple l'isolement et l'exclusion de l'élaboration des politiques et de la prise de décisions.

Défis

Au total, les représentants des PME ont cité 30 défis pour ce qui est de permettre aux collectivités d'acquérir et d'exploiter des connaissances et des compétences, d'attirer des investissements et de créer une masse critique de capacités d'innovation. Voici les cinq défis qui revenaient le plus souvent :

- *Le manque de collaboration, de dialogue, d'harmonisation et de coopération entre les différents ordres de gouvernement et avec le public.* Cette situation aggrave les difficultés croissantes auxquelles se heurtent les PME à la recherche de financement et de main-d'œuvre possédant les compétences voulues pour trouver et exploiter les nouvelles possibilités. D'après elles, il est très difficile de traiter avec plusieurs ordres de gouvernement, chacun ayant ses propres procédures et politiques ainsi que des priorités et des plans d'action différents. En outre, l'accès à l'information gouvernementale courante n'est pas uniforme. Nombre de PME de l'extérieur de l'Ontario et du Québec ont dit se sentir isolées des décideurs du gouvernement.

- *Absence de vision et de leadership communautaires.* Les PME citaient la perspective locale étroite que manifestent les politiciens locaux comme obstacle à préparer leur collectivité à former des partenariats avec d'autres collectivités et avec les différents ordres de gouvernement pour tirer parti de nouvelles possibilités.

- *L'accès inadéquat aux services à large bande, en particulier dans les régions nordiques et éloignées.* D'après les PME, cette situation empêche les collectivités de faire partie de réseaux d'affaires; d'échanger des renseignements; de tirer parti de possibilités de formation et de perfectionnement des compétences; de profiter d'un meilleur accès aux soins de santé; et de participer pleinement aux plans d'action politique et économique et au programme d'innovation du pays. Sans l'appui du gouvernement, il sera impossible d'offrir des services à large bande dans les collectivités ou cela prendra trop de temps.

- *Les gouvernements n'accordent pas autant d'attention à certaines régions, en particulier aux collectivités éloignées et aux centres situés en dehors de l'Ontario et du Québec.* Nombre de répondants estimaient que les collectivités les plus éloignées avaient moins de chance de connaître les programmes gouvernementaux ou d'en profiter. Selon eux, le manque d'aide non financière d'origine gouvernementale (réseaux de collaboration, accès à l'information) est encore plus problématique que l'accès à une part proportionnelle de l'aide financière gouvernementale.

- *Les programmes de développement social ne permettent pas de relever les défis localisés.* Le taux de chômage élevé, les lacunes en matière de santé et d'éducation, l'accès inéquitable à des sources d'information, la trop grande dépendance à l'égard de l'exploitation des ressources naturelles, une sous-utilisation des immigrants par ailleurs qualifiés, et les déficiences sur le plan des compétences sont autant de problèmes à régler. D'après les représentants des PME, même si les programmes nationaux peuvent apporter une certaine aide à un grand nombre de personnes ou de groupes, ils ne permettent guère de résoudre les problèmes particuliers aux diverses collectivités.

Interventions proposées

Les répondants ont recommandé plus de 30 interventions. Voici les trois qui revenaient le plus souvent :

- *Offrir l'accès aux services à large bande au niveau des collectivités pour répondre aux besoins sociaux, éducatifs et commerciaux.* Les représentants des PME considéraient que l'aide du gouvernement serait nécessaire pour cette démarche, appelée à apporter de nombreux avantages supplémentaires sur le plan de l'intérêt public. Dans leurs mémoires, différentes entreprises approuvaient vivement cette recommandation. Un accès aux services à large bande à un prix abordable permettrait à toutes les collectivités de participer plus pleinement aux programmes économiques, sociaux et d'innovation du pays.

- *Accroître le dialogue, l'harmonisation et la coopération entre les différents ordres de gouvernement et avec le public.* Des réseaux de partenariat concerté regroupant de grandes et de petites entreprises, le gouvernement et le milieu de l'enseignement étaient jugés essentiels pour répartir les risques et créer des synergies grâce au regroupement des compétences et aux réseaux de distribution et de marketing. D'après plusieurs participants, la création ciblée de filières virtuelles représente probablement le meilleur moyen de tirer parti des atouts, quel que soit le lieu, de surmonter les problèmes d'économies d'échelle et d'offrir des possibilités plus équitables au chapitre de la participation régionale.

- *Renforcer la vision et le leadership communautaires.* D'après bon nombre de répondants, les politiciens locaux doivent apprendre à mieux connaître les possibilités régionales, provinciales, nationales et même mondiales pour renforcer la capacité d'innovation des collectivités. En outre, les PME recommandaient d'accroître l'autonomie des collectivités et d'accorder davantage d'attention à l'infrastructure matérielle insuffisante et vieillissante, par exemple, aux réseaux de transport.

CONTEXTE RÉGLEMENTAIRE ET FISCAL

Les thèmes qui sont ressortis des commentaires des PME étaient, là encore, l'isolement, la complexité inutile et l'inefficacité des programmes gouvernementaux et des régimes de réglementation, ainsi que la nécessité d'une coordination accrue entre les gouvernements et d'un plus grand nombre de partenariats mobilisant le secteur privé et le milieu de l'enseignement.

Défis

Les PME ont cité 10 défis à relever pour optimiser le climat d'affaires et la réglementation au Canada afin d'améliorer notre performance sur le plan de l'innovation. Voici les quatre qui revenaient le plus souvent :

- *Le peu de leadership assuré par le gouvernement.* Les PME estimaient qu'un manque de coordination entre les ordres de gouvernement et entre les ministères et les organismes publics ainsi que divers règlements réduisaient leur capacité d'innover.

- *Une réglementation excessive, contradictoire et semant la confusion.* D'après les PME, une structure réglementaire complexe les désavantage par rapport aux grandes sociétés et aux concurrents américains. Beaucoup de PME ne s'intéressent pas aux programmes d'assistance gouvernementaux ou n'y recourent pas à cause du fardeau réglementaire.

- *Les taxes et impôts.* Les PME affirmaient que les taxes et impôts sont excessifs au Canada par rapport aux États-Unis, et les défavorisent par rapport aux grandes sociétés canadiennes qui, selon elles, sont plus à même de profiter d'allégements fiscaux.

- *Le peu d'attention et d'aide accordées aux PME par le gouvernement.* Les répondants se sentaient moins capables que les grandes sociétés d'influer sur les plans d'action stratégiques du gouvernement et la conception de ses programmes. Ils estimaient que celui-ci accorde une attention et un appui disproportionnés à plusieurs grandes sociétés, surtout ontariennes et québécoises. D'après eux, les PME sont généralement moins susceptibles de tirer parti des programmes et des services gouvernementaux à cause d'exigences trop lourdes pour elles (par exemple, des programmes et des services trop coûteux et trop complexes). Ainsi, beaucoup ont souligné qu'elles devaient payer pour obtenir des données de Statistique Canada.

> **« Le Canada doit améliorer le taux de transformation de l'innovation en produits et en technologies habilitantes. Le plan d'action pour l'innovation doit accorder plus d'importance au processus de transfert technologique afin de permettre aux PME d'utiliser efficacement les outils de recherche. »**
>
> Robert Crawhall, Institut des télécommunications de la Capitale nationale

Interventions proposées

Au total, les répondants ont nommé 16 interventions générales pour aider à instaurer un climat d'affaires et à mettre en place une réglementation plus propices à l'innovation. Voici les cinq interventions le plus souvent recommandées par les PME :

- *Examiner et réduire les taxes et impôts, en particulier, le fardeau fiscal des sociétés et des particuliers, et réduire ou supprimer l'impôt sur le capital et la taxe sur les produits et services.* Les répondants ont préconisé une exonération fiscale temporaire au début de l'étape de la commercialisation de produits novateurs. Ils ont également suggéré une équité et une uniformité fiscales dans tous les secteurs de compétence canadiens et une simplification générale du régime fiscal. Dans leurs mémoires, certaines entreprises proposaient de créer un crédit d'impôt pour les entreprises et les gens qui investissent dans l'éducation et la formation. Elles faisaient également l'éloge du crédit d'impôt à la recherche scientifique et au développement expérimental, en recommandant toutefois que la période de report soit prolongée de manière à mieux refléter le temps qu'il faut pour commercialiser un nouveau produit ou service et dégager des bénéfices. Enfin, les PME suggéraient des mesures d'encouragement fiscales pour amener le savoir sur le marché plus rapidement, citant en exemple le Québec et, plus précisément, les crédits d'impôt remboursables qu'accorde cette province pour les travaux de R-D confiés aux universités. Par ailleurs, elles proposaient que les provinces accordent aux scientifiques étrangers une exonération d'impôt de cinq ans.

- *Continuer de libéraliser les échanges commerciaux.* Les PME recommandaient de supprimer, si possible, ou autrement d'harmoniser tous les règlements régissant le commerce entre les provinces ainsi qu'entre le Canada et les États-Unis, en vertu de l'Accord de libre-échange nord-américain (ALENA), et d'éliminer tous les obstacles connexes. Les PME demandaient également que des efforts soient accomplis afin que les décisions rendues en vertu de l'ALENA dans les différends soient plus équitables pour le Canada. Ils réclamaient en outre que le gouvernement fasse davantage pour leur fournir de l'information sur le marché et faciliter le partage des compétences en marketing.

- *Examiner et réduire la réglementation.* Les représentants des PME estimaient que cela devrait s'appliquer à tous les domaines, et que les règlements devraient être réduits ou éliminés s'ils ne présentent aucun avantage tangible. Les répondants estimaient par ailleurs qu'il faudrait simplifier les règlements et regrouper les régimes de réglementation des divers ordres de gouvernement. D'après eux, des comités mixtes regroupant les secteurs privé et public pourraient contribuer à ce remaniement. Dans leurs mémoires, diverses PME soulignaient que le Canada doit se doter d'un système de réglementation plus adapté, axé sur les sciences, et en vertu duquel les décisions sont prises plus rapidement; ils ont recommandé un délai de douze mois au maximum.

- *Améliorer le leadership assuré par le gouvernement.* Ce qui comprend faciliter la participation des partenaires du secteur privé et du milieu de l'enseignement à la conception et à la prestation des programmes, de la réglementation et des stratégies; et améliorer la diffusion de l'information pour aider à atténuer les préoccupations concernant l'équité et la transparence. Dans leurs mémoires, différentes PME soulignaient que le gouvernement devrait intervenir davantage comme premier utilisateur de technologies et de produits canadiens novateurs. Ils expliquaient que la politique actuelle du ministère de la Défense nationale privilégie l'acquisition de produits offerts dans le commerce, ce qui, selon les PME, revient à utiliser des innovations d'origine étrangère au lieu d'encourager celles réalisées au Canada.

- *Proposer plus de programmes et de services axés sur les PME qui répondraient davantage aux besoins des PME et correspondraient mieux à leur capacité de respecter les exigences établies.*

CHAPITRE 8

LE POINT DE VUE DU MONDE DE L'ENSEIGNEMENT

PROCESSUS DE MOBILISATION

Le monde de l'enseignement est le principal moteur de la création du savoir et des études supérieures au Canada. Il comprend les universités et les collèges, mais aussi les établissements de recherche, les bibliothèques et une foule d'autres établissements, réseaux et groupes d'intervention ayant un intérêt dans l'enseignement supérieur canadien. S'y ajoutent des dizaines de milliers de professionnels, gestionnaires et administrateurs de la recherche et de l'enseignement et plusieurs millions d'apprenants à temps plein ou partiel. Dans chaque segment du monde de l'enseignement, des organisations et des groupes de coordination se sont constitués pour échanger sur des idées et des sujets de préoccupation, et défendre les intérêts de leurs membres. Ainsi, l'Association des collèges communautaires du Canada regroupe 153 établissements, la Canadian Library Association représente 3 000 bibliothèques et adhérents, et l'Association des étudiants diplômés du Canada se fait le porte-parole de plus de 80 000 étudiants inscrits à un programme de maîtrise ou de doctorat.

Afin que le monde de l'enseignement puisse donner son avis sur la *Stratégie d'innovation du Canada* en pleine évolution, Industrie Canada et DRHC ont invité les associations et les établissements à donner leur point de vue sur les orientations stratégiques et les défis présentés dans les deux documents. Au cours du printemps et de l'été 2002, 25 mémoires leur ont été transmis. Afin de recueillir d'autres commentaires, DRHC a organisé, dans différents centres du Canada, plusieurs ateliers sur les meilleures pratiques en matière d'éducation et d'apprentissage.

IMPRESSIONS GÉNÉRALES

Dans leurs mémoires, les représentants du monde de l'enseignement étaient généralement d'accord avec l'analyse et les jalons établis dans *Atteindre l'excellence* et *Le savoir, clé de notre avenir*. Ainsi, ils approuvaient dans l'ensemble les propositions visant à accroître le nombre d'étudiants du deuxième et du troisième cycle, à offrir un accès aux services à large bande dans toutes les régions et à faire en sorte que plus d'Autochtones fassent des études supérieures. Ils ont toutefois exprimé plusieurs préoccupations. Ainsi, certains estimaient que la définition de l'innovation et de la commercialisation était trop étroite. Plusieurs considéraient que le gouvernement devrait faire davantage pour reconnaître l'importance déterminante du développement des jeunes enfants comme point de départ de tout apprentissage et de la constitution de la main-d'œuvre future. D'autres préconisaient une prolongation des échéanciers établis pour la réalisation des objectifs en matière d'éducation des adultes et d'enseignement postsecondaire. Une autre préoccupation généralisée est ressortie des mémoires : avant d'adopter l'innovation comme priorité nationale, les Canadiens ont besoin d'en savoir plus sur l'innovation à proprement parler et sur les raisons de son importance.

Dans leurs mémoires, certains groupes appartenant au monde de l'enseignement insistaient sur différentes priorités. Ainsi, les universités accordaient la priorité à l'augmentation du financement de la recherche, au financement des coûts indirects de celle-ci, à une capacité accrue pour répondre à la demande de personnes hautement qualifiées, et à un appui aux efforts de commercialisation. Les établissements de recherche s'intéressaient avant tout à la capacité existante en ce qui concerne la commercialisation des résultats de la recherche et, en particulier, au manque de compétences et de personnes pour relever le défi (par exemple, des technologues et techniciens spécialisés avisés sur le plan des affaires, des courtiers en savoir et des gestionnaires d'incubateurs), et à la nécessité d'une plus grande collaboration entre les chercheurs. Les collèges souhaitaient un programme national d'enseignement technique et professionnel, plus de liens entre la population active et le système d'éducation (par exemple, des programmes d'apprentissage et des programmes de téléenseignement) et le droit de demander des fonds de recherche aux conseils subventionnaires. Les établissements d'enseignement professionnel étaient surtout préoccupés par les ensembles de compétences et, tout particulièrement, le manque de compétence en gestion et en leadership des propriétaires de petites et moyennes entreprises, et leurs connaissances limitées quant à la technologie existante pour la fabrication et le marketing. Les apprenants étaient quant à eux très préoccupés par le coût de l'éducation et se concentraient donc sur des solutions éventuelles reposant sur des changements au Programme canadien de prêts aux étudiants et des crédits d'impôt aux « apprenants ».

Les représentants du monde de l'enseignement ont également soulevé des questions que les documents *Atteindre l'excellence* et *Le savoir, clé de notre avenir* sous-estiment selon eux. Le peu d'attention accordée à l'aide financière aux étudiants vient en tête de liste. Plusieurs répondants souhaitaient également que l'on fasse davantage le lien entre l'augmentation du nombre d'étudiants des deuxième et troisième cycles,

« Les universités sont prêtes à mettre à profit leur impressionnante contribution, et elles ont la volonté d'agir dans ce sens. Elles souhaitent ardemment étendre leurs activités de recherche, former encore plus de diplômés hautement qualifiés et accentuer leur rôle fondamental dans l'habilitation des collectivités par la voie du savoir et de l'innovation. Les universités s'engagent à faire en sorte que les Canadiens issus de groupes traditionnellement défavorisés, tels que les Autochtones, puissent jouir en grand nombre des bienfaits que procurent les études supérieures et ainsi participer, avec leur collectivité, à l'économie du savoir. »

Association des universités et collèges du Canada

d'une part, et, d'autre part, le financement de l'infrastructure universitaire et d'autres questions concernant les « capacités ». D'après certains participants, les documents auraient dû reconnaître le potentiel d'exportation du monde de l'enseignement canadien et le rôle que la participation aux activités d'enseignement d'envergure internationale peut jouer pour ce qui est de stimuler l'innovation au Canada. Enfin, les représentants des bibliothèques canadiennes ont indiqué que le rôle des bibliothèques pour favoriser l'apprentissage structuré, non structuré et tout au long de la vie, et rendre accessible les services à large bande dans toutes les collectivités, n'était pas suffisamment reconnu. Ils ont affirmé leur engagement à mettre le savoir à la portée de tous les Canadiens et à jouer un rôle central dans le cadre des initiatives communautaires.

RECHERCHE, DÉVELOPPEMENT ET COMMERCIALISATION

Recherche-développement

Les dirigeants du monde de l'enseignement étaient unanimes à préconiser que les gouvernements fédéral et provinciaux augmentent sensiblement le financement des universités et des collèges. Plus précisément, ils demandaient au gouvernement du Canada de doubler le budget des organismes subventionnaires d'ici dix ans, d'augmenter l'aide à la recherche collégiale, de mettre sur pied un programme permanent pour financer les coûts indirects de la recherche financée au moyen de fonds fédéraux et de faire en sorte que les petites universités participent davantage au Programme des chaires de recherche du Canada. Selon eux, l'industrie privée devrait dédommager les universités pour les frais de recherche indirects et, d'après certains, une partie de ces revenus devrait aller aux bibliothèques de recherche.

Les participants souhaitaient par ailleurs que les provinces augmentent le financement de base afin de faciliter le recrutement de professeurs et d'accroître les capacités en recherche et en enseignement des universités et collèges. Par souci d'efficacité et pour générer des économies d'échelle, les répondants ont également exhorté les organismes subventionnaires et les organismes du gouvernement à normaliser leurs processus de sélection et leurs trousses de documentation, à simplifier et à accélérer les formalités de demande, et à intégrer leurs stratégies et programmes de recherche.

> **« Nous continuerons à consacrer des ressources en vue de développer et d'appuyer notre bureau de transfert de la technologie en milieu universitaire. »**
>
> Université Queen's

Les dirigeants des universités craignaient que l'importance accordée à la commercialisation de la R-D dans la *Stratégie d'innovation* puisse nuire à leur mandat de recherche fondamentale. Ils estimaient également que la *Stratégie d'innovation* met trop l'accent sur les sciences et la technologie, et qu'elle néglige la contribution des sciences humaines. Non seulement l'enseignement, la recherche et l'apprentissage dans ces disciplines représentent la moitié des professeurs et 60 p. 100 des étudiants dans les universités canadiennes, mais en plus, ils sont essentiels pour comprendre les dimensions sociales, culturelles et économiques de l'innovation. De plus, ce sont les filières des sciences humaines qui produiront les dirigeants du monde des affaires, du gouvernement et du milieu des arts de demain.

Dans leurs mémoires, les universités soulignaient également que, pour atteindre les objectifs de croissance de la R-D, les gouvernements du Canada et des provinces doivent régler de sérieux problèmes d'infrastructure et d'entretien différés. En outre, ils demandaient que le gouvernement mette sur pied un programme décennal de modernisation de l'infrastructure universitaire.

Commercialisation

Tout en se réjouissant de l'augmentation appréciable des fonds publics affectés à la R-D depuis une vingtaine d'années, les dirigeants du monde de l'enseignement faisaient observer que l'on n'a pas investi parallèlement dans la capacité de commercialisation. Les universités, les hôpitaux et les autres établissements de recherche n'ont donc pas acquis, en matière de transfert de technologie, les compétences nécessaires pour commercialiser le nouveau savoir issu de leurs laboratoires. Les dirigeants des universités ont demandé au gouvernement d'établir un programme de stages national pour remédier à cette lacune et former pleinement les professionnels de la recherche dans le domaine de la gestion de l'innovation. Selon eux, si un tel programme était mis en place sans délai, il permettrait de tripler le nombre de spécialistes de la commercialisation au Canada d'ici 2006.

Les représentants des établissements de recherche s'interrogeaient aussi sur la capacité du Canada de commercialiser la recherche et, pour eux, de nouveaux programmes d'études supérieures plus généraux pourraient contribuer à solutionner le problème. Ils ont recommandé qu'une partie des nouveaux crédits à l'enseignement supérieur soit affectée aux programmes qui permettent aux étudiants d'acquérir une « formation stratégique » et, en particulier, qui cultivent les compétences et les qualités nécessaires pour transformer des résultats obtenus en laboratoire en produits et procédés commercialisables.

Les dirigeants du monde de l'enseignement demandaient que soient créés deux organismes, un national et un régional, afin de renforcer la capacité de commercialisation du Canada :

- Une alliance nationale de centres régionaux de commercialisation de la technologie et d'innovation qui reposerait sur un réseau de collèges communautaires et aiderait les petites entreprises dans des domaines tels que la mise au point de produits et de procédés, les renseignements commerciaux et le financement.

- Un réseau national de transfert des connaissances, d'incubation et d'entrepreneuriat qui aiderait les universités, les collèges et d'autres centres de recherche à réunir des compétences et à se faire part de pratiques exemplaires pour ce qui est de la commercialisation de nouvelles connaissances, de la promotion de l'esprit d'entreprise et du lancement de jeunes entreprises.

Les collèges communautaires et les instituts de technologie canadiens étaient notamment préoccupés par le fait qu'ils sont continuellement exclus du financement accordé par les organismes subventionnaires fédéraux. Les représentants de ces établissements considéraient que cet état de fait limite grandement leurs possibilités pour ce qui est de créer du savoir et de le commercialiser.

COMPÉTENCES ET APPRENTISSAGE

Accès assuré à l'enseignement postsecondaire

La population active canadienne tire sa force du fait qu'elle a un des taux de participation aux études postsecondaires les plus élevés du monde. D'après les dirigeants du monde de l'enseignement, il est primordial de protéger et d'améliorer l'accès aux études universitaires et collégiales, notamment pour assurer le succès à long terme de la *Stratégie d'innovation*. Ils préconisaient donc d'améliorer le Programme canadien de prêts aux étudiants et de mieux harmoniser les programmes fédéraux et provinciaux et de prendre, à l'échelle fédérale, les mesures de réduction de la dette des étudiants annoncées dans le budget de 1998. Ils proposaient aussi, à cet égard, d'augmenter les déductions fiscales accordées pour le remboursement des prêts, de geler la dette et les frais d'intérêt pendant les périodes de chômage ou de sous-emploi, et d'abaisser les taux d'intérêt.

Les groupes représentant les apprenants, comme l'Association des étudiants diplômés du Canada, étaient inquiets de voir que la majeure partie des nouveaux crédits alloués en vertu du Transfert canadien en matière de santé et de programmes sociaux était investie dans les soins de santé au détriment de l'éducation. Ils étaient déçus par le peu d'attention prêtée à des problèmes d'accessibilité tels que l'endettement des étudiants, le traitement fiscal des bourses d'études et la nécessité de modifier le Programme canadien de prêts aux étudiants. En outre, d'après eux, si l'on refuse d'étendre l'aide financière aux étudiants à temps partiel, on n'encouragera pas les adultes à apprendre. Les collèges expliquaient que le Plan d'apprentissage permanent devrait permettre aux apprenants à temps partiel de prélever des fonds dans leurs régimes enregistrés d'épargne-retraite pour participer à des programmes d'apprentissage.

À la Table ronde sur le renforcement de l'accessibilité et de l'excellence dans l'enseignement postsecondaire, les universités, les collèges, les syndicats, les entreprises, les représentants des Premières Nations et les pouvoirs publics ont exprimé leur inquiétude à l'idée que l'augmentation des frais de scolarité ajoutée au fait que les places seront de plus en plus disputées limitera l'accès à l'enseignement postsecondaire pour de nombreux groupes, y compris les Autochtones canadiens, les étudiants venant de familles à faible revenu et les apprenants adultes. De l'avis général, il serait bon d'encourager les gens à poursuivre des études postsecondaires, mais le système actuel n'a pas les moyens de satisfaire à la demande actuelle, et encore moins de faire face à l'augmentation de 20 à 30 p. 100 de la demande prévue au cours des prochaines années. Les participants ont souligné que ces mêmes groupes d'étudiants sont généralement exclus à cause des très bons dossiers scolaires maintenant exigés pour entrer dans de nombreux programmes très demandés. Ils ont parlé de la nécessité de définir un cadre qui permettrait de répondre aux besoins des Canadiens en matière d'apprentissage et, d'après eux, cela passerait non seulement par des capacités supplémentaires, mais aussi par un investissement dans le renouvellement et le développement du système actuel. Les participants ont également demandé une coordination accrue des politiques entre les établissements et les provinces afin de mieux articuler les programmes et de faciliter le transfert des titres de compétences.

Dans leurs observations, les représentants du monde de l'enseignement insistaient aussi sur la nécessité d'adopter une vision plus unifiée de l'apprentissage au Canada. Ainsi, certains dirigeants demandaient aux gouvernements fédéral et provinciaux de conclure un accord national sur l'enseignement supérieur et la recherche. Cet accord respecterait les secteurs de compétence actuels, mais les deux ordres de gouvernement s'engageraient à réaliser des objectifs à long terme et à fournir des fonds pour permettre aux universités, aux collèges et aux établissements de recherche de mieux planifier leurs travaux.

« Tous les participants étaient préoccupés par le coût des études postsecondaires. Les étudiants sont tenus de s'endetter beaucoup. Nous ne savons pas quoi faire ni dans quelle voie nous diriger à la fin de nos études secondaires, et nous ne voulons pas consacrer des sommes faramineuses à des études qui, en fin de compte, pourraient se révéler inutiles. »

Table ronde de DRHC avec les jeunes

Accès assuré à l'éducation des adultes

Pour ce qui est d'aider les adultes qui travaillent à accéder à des possibilités d'apprentissage, les dirigeants du monde de l'enseignement demandaient que l'on améliore l'aide financière aux adultes étudiant à temps partiel, que l'on encourage fiscalement les employeurs à offrir une formation en milieu de travail et que l'on prenne des mesures spéciales pour permettre aux Autochtones canadiens et à d'autres groupes ayant des besoins particuliers d'avoir accès à l'apprentissage continu (par exemple, les programmes de préparation à l'emploi). Ils estimaient également que les programmes d'apprentissage des adultes devraient être plus souples afin de répondre aux besoins des personnes qui travaillent et moins intimidants pour les personnes qui n'ont fait que des études secondaires. Les dirigeants du monde de l'enseignement insistaient, par ailleurs, sur le fait que toutes les formes d'apprentissage devraient être exemptées de la taxe sur les produits et services.

Il a également été proposé de créer une « université ouverte » nationale offrant des programmes spéciaux qui mènent à des diplômes et abritant un organisme d'accréditation national. Les participants estimaient que les étudiants adultes n'auraient pas à repartir de zéro si l'on offrait des services d'évaluation des acquis et si l'on reconnaissait les compétences et les connaissances antérieures, ce qui les inciterait s'inscrire à des programmes d'apprentissage postsecondaire.

Un thème revenait dans tous les débats sur l'apprentissage des adultes, à savoir qu'il est essentiel que le prix de l'apprentissage soit abordable pour qu'il soit accessible. Certains ont affirmé, par exemple, qu'une société qui croit en l'acquisition continue du savoir devrait aider financièrement les apprenants à temps partiel et proposer des congés éducatifs généreux. D'autres ont suggéré de définir des protocoles pour le transfert des crédits entre les établissements d'enseignement canadiens. Pour beaucoup, cependant, le concept de système d'apprentissage accessible pour adultes allait plus loin. Il comprenait, en effet, des programmes correspondant à des styles d'apprentissage individuels et tenant compte des obligations familiales de chacun. De plus, bon nombre de participants estimaient qu'en mettant en place des systèmes d'évaluation et de reconnaissance des acquis, on encouragerait les adultes à suivre des programmes de perfectionnement des compétences structurés.

Les participants à la Table ronde sur le renforcement de l'accessibilité et de l'excellence dans l'enseignement postsecondaire recommandaient de trouver des solutions pour que les étudiants, et tout spécialement les apprenants adultes, puissent terminer leurs études dans de bonnes conditions, ce qui signifie notamment à coût abordable. Beaucoup s'entendaient sur l'importance à accorder aux collèges et à la formation en entreprise dans le système d'éducation postsecondaire général. Ils considéraient la formation postsecondaire sous toutes ses formes, de l'apprentissage des métiers à la recherche doctorale, comme essentielle à la croissance économique comme au perfectionnement individuel.

Au cours de l'atelier sur les meilleures pratiques en matière d'apprentissage en ligne, les participants ont fait remarquer que beaucoup de collectivités autochtones ne disposent pas de l'infrastructure technologique nécessaire pour rendre cette forme d'apprentissage accessible. Parallèlement, ont-ils déclaré, il faut qu'il devienne plus facile de consulter du contenu autochtone en ligne. Les participants ont également reconnu que les Canadiens qui ne sont pas familiers avec la technologie de l'information ne pourront pas profiter des possibilités d'apprentissage en ligne. Certains ont proposé d'inclure l'informatique dans la définition traditionnelle de la littératie fonctionnelle. Pour les participants à l'atelier, il était nécessaire également de faciliter l'accès à l'information relative à la reconnaissance de l'apprentissage en milieu de travail, y compris les programmes types et la recherche existante. D'après eux, cela aiderait à sensibiliser aux besoins des adultes en matière d'apprentissage et à faire reconnaître leurs besoins.

Les mémoires du monde de l'enseignement affirmaient aussi que la *Stratégie d'innovation* doit mieux reconnaître les possibilités d'apprentissage en ligne pour que l'on atteigne les objectifs en matière d'éducation des adultes. Certains demandaient que soit lancée une campagne de publicité nationale pour renseigner les Canadiens sur les possibilités d'apprentissage offertes dans Internet et sur les normes qui régissent l'apprentissage en ligne.

« *L'éducation internationale n'est pas à sens unique. La présence d'étudiants, de chercheurs et d'enseignants du monde entier sur les campus canadiens présente des avantages, notamment en ce qui concerne l'internationalisation de ces campus et de la collectivité, l'introduction d'un point de vue international dans les cours, et l'enrichissement de la recherche dans nos établissements d'enseignement. Le Canada en tire également des avantages à long terme lorsque ses diplômés cherchent des partenaires commerciaux dans le milieu qui les a accueillis.* »

Bureau canadien de l'éducation internationale

Au cours de l'atelier sur les meilleures pratiques en matière d'alphabétisation, les participants s'entendaient nettement sur la nécessité d'une stratégie d'alphabétisation pancanadienne qui fasse intervenir tous les ordres de gouvernement, les entreprises, les syndicats, le monde de l'enseignement et les fournisseurs de formation, ainsi que des groupes d'alphabétisation et des organisations non gouvernementales. Par-dessus tout, ils estimaient qu'il est nécessaire d'accroître la sensibilisation aux problèmes d'alphabétisation et de mieux les faire comprendre, ainsi que de définir et d'échanger des pratiques exemplaires liées aux activités d'alphabétisation communautaires et familiales.

Alignement du système d'apprentissage en fonction des besoins du marché du travail

Plusieurs mémoires mettaient en garde contre la délivrance de trop de doctorats à une époque où il y a une pénurie d'autres types de compétences. Ainsi, expliquaient-ils, les entreprises, en particulier les petites et moyennes entreprises, ont besoin de personnes qui ont des compétences en gestion, en leadership et en marketing, et qui comprennent bien la technologie de la fabrication. Ils demandaient donc, pour répondre à cette demande, que soit mis en place un « programme de mentorat d'entreprise » qui relierait le personnel de petites et moyennes entreprises à des cadres supérieurs chevronnés d'entreprises plus importantes, en particulier pendant l'étape difficile du démarrage.

Les collèges et les instituts de technologie sont les principales sources de formation théorique dans les métiers spécialisés. Cependant, ils craignent que l'absence de normes nationales en matière de formation technique et professionnelle entrave la mobilité interprovinciale de la main-d'œuvre et entraîne des pénuries de compétences dans certaines régions du pays. Ils demandaient une approche nationale concertée aux termes de laquelle on délivrerait un « passeport de compétences » pour améliorer la mobilité interprovinciale.

Lors de l'atelier « Partenariats à l'œuvre! », les conseils sectoriels se sont déclarés prêts à collaborer avec le secteur de l'éducation afin de s'assurer de la compatibilité entre les programmes de cours et les besoins du marché du travail.

Il est ressorti notamment des discussions avec les groupes représentant les personnes handicapées qu'il faudrait mettre en place un encadrement à l'école secondaire pour faciliter le passage de l'école à la vie active. Ainsi, il serait bon de former les enseignants pour qu'ils soient conscients des problèmes que rencontreront les personnes handicapées sur le marché du travail et de tenir compte de ces données dans les programmes d'orientation, notamment professionnelle.

« Dans les établissements d'enseignement, l'utilisation d'Internet permet de stimuler l'innovation. Toutefois, dans sa forme actuelle, la **Loi sur le droit d'auteur** *entrave l'apprentissage à l'aide de la technologie. Ainsi, il y a infraction à la Loi lorsque des étudiants et des enseignants se livrent à des tâches routinières telles que le transfert de messages et la copie de données aux fins d'études. Il faut réviser la Loi afin de légaliser et de promouvoir l'apprentissage à l'aide de la technologie, et de permettre aux étudiants et aux enseignants d'utiliser Internet et ses ressources sans commettre d'infraction. »*

Association des collèges communautaires du Canada

Investissement dans l'éducation internationale

Plusieurs mémoires demandaient aux autorités fédérales et provinciales d'investir davantage dans l'éducation internationale afin de stimuler un échange croissant de personnes et d'idées entre les universités et collèges canadiens et étrangers. Un mémoire en particulier demandait qu'il soit plus facile pour les étudiants étrangers de travailler au Canada.

D'après le monde de l'enseignement, il est essentiel de soutenir ses processus d'internationalisation pour que les étudiants puissent acquérir des compétences internationales et les renforcer. En outre, l'éducation internationale passe par l'élaboration de programmes de cours internationaux ainsi que par des accords de reconnaissance et de transfert des crédits étrangers.

Les dirigeants souhaitaient également que les gouvernements appuient pleinement l'initiative Campus Canada et expliquaient qu'en élargissant les services d'évaluation et de reconnaissance des acquis aux candidats à l'immigration, on aiderait les universités et les collèges canadiens à attirer des étudiants étrangers et à contribuer à la réalisation des objectifs du Canada en matière d'immigration. De plus, ils recommandaient que le gouvernement fédéral facilite le traitement des demandes de permis de travail et porte de un à deux ans la durée de l'emploi après l'obtention du diplôme.

Encouragement des études en sciences

Dans *Le savoir, clé de notre avenir*, le gouvernement se donne pour objectif de faire du Canada l'un des trois pays les plus avancés du monde en ce qui a trait à la performance des jeunes en sciences, en mathématiques et en lecture. Cependant, le Canada est un des rares pays industrialisés à ne pas avoir mis sur pied de programme national à l'appui des centres scientifiques. Plusieurs mémoires demandaient que soit institué un programme national propre à encourager les études en sciences et à montrer le lien entre les études en sciences et en technologie et l'innovation.

Réforme de la réglementation

En matière de réglementation, les lois qui régissent le droit d'auteur sont celles qui préoccupent le plus le monde de l'enseignement. Ses dirigeants demandaient donc l'adoption d'un régime clair qui protège raisonnablement la propriété intellectuelle tout en répondant aux besoins des apprenants et des chercheurs, qui doivent pouvoir accéder facilement à l'information. Plus précisément, les bibliothèques craignaient que les « lois régissant le droit d'auteur sur les documents numériques » limitent l'énorme potentiel d'apprentissage dans Internet en retirant du domaine public les documents de recherche, entre autres. Les éducateurs ont demandé que les lois régissant le droit d'auteur sur les documents numériques soient modifiées afin de permettre aux étudiants et aux éducateurs d'utiliser efficacement et légalement les documents diffusés dans Internet.

Mesures fiscales

Comme les établissements d'enseignement canadiens évoluent sur un marché mondial de l'apprentissage et du savoir, les participants estimaient qu'un régime fiscal concurrentiel est essentiel pour que nos universités et nos collèges attirent et retiennent les étudiants et les professeurs les plus brillants. Étant donné que les bourses versées aux meilleurs étudiants peuvent atteindre 15 000 $ par an à l'heure actuelle, de nombreux mémoires préconisaient d'augmenter sensiblement la limite de 3 000 $ en ce qui concerne la partie déductible des bourses d'études. De même, ils faisaient remarquer qu'une réduction du taux d'impôt sur le revenu des particuliers aiderait à embaucher et à retenir des professeurs et d'autres employés de tout premier ordre, qu'ils soient Canadiens ou étrangers.

Il a également été proposé de modifier la réglementation fiscale afin de permettre aux gens d'emprunter de l'argent sur leur régime enregistré d'épargne-retraite pour couvrir les dépenses d'apprentissage, de la même manière qu'ils y sont autorisés pour acheter une maison.

Image de marque du Canada

Les dirigeants du monde de l'enseignement demandaient que soit lancée une campagne internationale pour faire connaître le Canada comme une économie qui n'est pas axée uniquement sur les ressources. La campagne mettrait en évidence les réalisations et les capacités du pays en matière de recherche ainsi que ses atouts économiques, et elle présenterait le Canada comme un bon choix pour l'investissement et la recherche.

RENFORCEMENT DES COLLECTIVITÉS

L'Alliance canadienne de campus, qui représente 18 établissements d'enseignement postsecondaire, réunit trois organisations clés : l'Université virtuelle canadienne, le Consortium canadien des collèges virtuels et l'Open Learning Agency de la Canadian Learning Bank de la Colombie-Britannique. Les membres de l'Alliance canadienne de campus réduiront les restrictions qui pèsent sur la résidence et veilleront à la qualité des programmes en utilisant des protocoles de transfert de crédits existants et nouveaux entre les établissements de l'Alliance et les 75 universités et collèges qui font la promotion de cours sur Campus branché.

La plupart des dirigeants du monde de l'enseignement estimaient que les universités et collèges canadiens font piètre figure par rapport aux établissements européens et américains pour ce qui est des liens avec les filières industrielles. D'après eux, les gouvernements devraient prendre des mesures pour encourager les établissements d'enseignement à améliorer leur capacité de participer à des partenariats de recherche concertée qui peuvent former le noyau de nouvelles filières.

Les dirigeants de bibliothèques considéraient que la *Stratégie d'innovation* sous-estime nettement l'appui qu'apportent les bibliothèques à l'apprentissage structuré et non structuré, en particulier dans les collectivités rurales. Ils sont résolus à améliorer et à renforcer l'infrastructure canadienne du savoir en élargissant leurs collections, leurs services et leurs technologies. Non seulement les bibliothèques rendent-elles l'apprentissage accessible pour les Canadiens, mais elles mettent les services à large bande à la disposition des petites collectivités et elles sont les dépositaires d'une grande partie du savoir canadien. Pour renforcer l'apprentissage communautaire, les dirigeants du monde de l'enseignement demandaient instamment au gouvernement fédéral d'appuyer le Programme d'accès communautaire et l'Initiative des réseaux d'apprentissage communautaire, et de faire des bibliothèques canadiennes le lieu de prédilection pour les points d'accès public à Internet.

CHAPITRE 9

ENTRETIENS AVEC LES GOUVERNEMENTS PROVINCIAUX ET TERRITORIAUX

PROCESSUS DE MOBILISATION

Les provinces et les territoires sont des partenaires essentiels face aux défis de l'innovation que doit relever le Canada. L'éducation relève des gouvernements provinciaux et territoriaux, qui assument aussi des responsabilités importantes en matière de développement économique et social, le tout jouant un rôle déterminant dans les résultats de notre pays sur le plan des compétences et de l'apprentissage. La fiscalité et la réglementation, les mesures d'encouragement au développement industriel, les programmes de financement de la recherche et les politiques d'infrastructure des provinces et territoires influent profondément sur le milieu de l'innovation.

> **« Les gouvernements fédéral, provinciaux et territoriaux sont d'accord pour faire du Canada un des pays les plus novateurs du monde [...] Les ministres reconnaissent que les mesures pouvant être prises par les gouvernements ne suffiront pas à elles seules à atteindre cet objectif primordial et ils demandent à tous les acteurs du système de l'innovation de jouer leur rôle. »**

Principes d'action, Réunion des ministres fédéral, provinciaux et territoriaux responsables des sciences et de la technologie, Québec, 20-21 septembre 2001

Depuis la publication de la *Stratégie d'innovation du Canada* en février 2002, DRHC et Industrie Canada ont convié les provinces et les territoires à examiner les documents respectifs dans le cadre d'une série d'entretiens intergouvernementaux.

ENTRETIENS D'INDUSTRIE CANADA AVEC LES PROVINCES ET TERRITOIRES

Le gouvernement du Canada reconnaît que les gouvernements provinciaux et territoriaux investissent déjà beaucoup pour encourager l'innovation dans leurs domaines de compétence. Industrie Canada a donc sollicité l'avis des sous-ministres et ministres provinciaux et territoriaux chargés de l'industrie, de la recherche ainsi que des sciences et de la technologie au sujet d'*Atteindre l'excellence*, à l'occasion de deux rencontres intergouvernementales multilatérales. Industrie Canada a aussi invité chaque province et territoire à soumettre des commentaires écrits sur la *Stratégie d'innovation*. Les sous-ministres fédéraux-provinciaux-territoriaux se sont réunis à Ottawa les 25 et 26 avril 2002, tandis que les ministres se sont retrouvés à Vancouver les 20 et 21 juin 2002. Voici, résumées ci-dessous, les principales idées et questions qui sont ressorties de ces entretiens.

Les gouvernements provinciaux et territoriaux ont donné leur aval à l'orientation générale d'*Atteindre l'excellence*. Plusieurs ont attiré l'attention sur les politiques et les programmes qui existent dans leur propre secteur de compétence et complètent les approches nationales proposées. En fait, bien des gouvernements provinciaux ont adopté leur propre stratégie d'innovation. Ils ont manifestement reconnu que la création d'une culture de l'innovation au Canada exigera un effort concerté de la part de tous les gouvernements et d'autres intervenants des secteurs public et privé. Les gouvernements provinciaux et territoires étaient relativement à l'aise avec les cibles établies dans la *Stratégie d'innovation*. Ces cibles jouent, selon eux, un rôle utile en donnant une orientation. Certains les jugeaient cependant trop ambitieuses. Les provinces et territoires peu peuplés ont par ailleurs souligné qu'ils devront relever des défis particuliers pour atteindre les cibles, en raison du retard qu'ils accusent sur les provinces plus peuplées en matière de performance sur le plan de l'innovation. D'après eux, la *Stratégie d'innovation* devrait viser expressément à combler le fossé qui sépare les différentes régions du Canada sur le plan de l'innovation. Les gouvernements des territoires déploraient que les cibles ne prennent pas en considération les défis économiques particuliers des régions du Nord. En ce qui a trait à la mise en œuvre de la Stratégie, les ministres ont préconisé une approche souple et ouverte qui tienne compte du fait que les priorités et la capacité financière varient d'une province à l'autre, et qui permette d'établir des objectifs et des cibles sur une base régionale.

Conseils des provinces et des territoires

Les ministres ont parlé de la nécessité de mieux coordonner les investissements fédéraux et provinciaux dans la R-D afin de gagner en efficacité et de tirer parti des atouts de tous. Les représentants de certains secteurs de compétence estimaient que l'on pourrait améliorer la structure des programmes à coûts partagés afin de mieux tenir compte des priorités et de la capacité financière des provinces. De plus, les ministres ont clairement reconnu qu'il faudrait que le secteur privé accroisse grandement sa part des dépenses de R-D pour que l'on puisse atteindre les cibles en la matière. Les discussions ont donc porté essentiellement sur des mesures proposées pour :

- améliorer la possibilité pour les petites entreprises en pleine croissance de profiter d'investissements providentiels;

- fixer des objectifs plus ambitieux que ceux proposés dans la *Stratégie d'innovation* en ce qui a trait au capital-risque et des objectifs régionaux (plusieurs secteurs de compétence ont dit envisager de recourir aux fonds de retraite comme source éventuelle de capital-risque);

- améliorer la possibilité d'émettre des actions accréditives pour les secteurs en pleine croissance, comme la biotechnologie et les biosciences.

Un examen de la réglementation des valeurs mobilières a été proposé pour cerner les obstacles à la circulation interprovinciale des fonds d'investissement. Les ministres ont également fait observer que les collèges et les instituts de technologie offrent des possibilités formidables pour ce qui est de promouvoir l'innovation et, en particulier, d'aider les petites et moyennes entreprises à adopter de nouveaux procédés de production. Ils espéraient qu'on reconnaîtrait ce potentiel et qu'on l'exploiterait davantage au fil de l'évolution de la *Stratégie d'innovation*.

Tout comme l'industrie et d'autres groupes, les ministres provinciaux et territoriaux étaient d'avis qu'il faudrait devancer considérablement l'échéance de 2010 prévue dans la *Stratégie d'innovation* pour l'examen détaillé de la réglementation. Ils ont également approuvé l'idée d'harmoniser la réglementation dans la mesure du possible entre les différents secteurs de compétence et convenu de déterminer les domaines prioritaires pour la réforme, y compris la réglementation des valeurs mobilières régissant les placements privés.

Par ailleurs, les ministres ont étudié la possibilité de fixer dans la *Stratégie d'innovation* des objectifs plus ambitieux en matière de commercialisation, ce qui permettrait de mettre à profit l'innovation en améliorant le processus de transfert de technologie et le régime de protection de la propriété intellectuelle. Ils ont aussi souligné qu'il est important de renforcer les laboratoires du Conseil national de recherches Canada et le Programme d'aide à la recherche industrielle, qui facilitent le renforcement des capacités.

Les ministres provinciaux et territoriaux ont convenu de la nécessité d'une étroite collaboration entre les gouvernements ainsi qu'avec le secteur privé pour offrir une infrastructure, des compétences et un climat commercial favorable qui stimuleront les filières novatrices réelles et virtuelles et les centres d'excellence. Plusieurs secteurs de compétence ont expliqué qu'ils avaient déjà pris des dispositions à l'échelle régionale pour promouvoir la création de filières et que toute nouvelle mesure d'encouragement fédérale devrait s'appuyer sur ces stratégies.

Les ministres provinciaux et territoriaux reconnaissaient généralement qu'il est nécessaire de mettre sur pied sans tarder de nouveaux programmes novateurs pour que, dans toutes les régions, les collectivités aient accès aux services à large bande. Il s'agit, selon eux, d'un élément qui est essentiel pour combler le fossé numérique entre les régions rurales et urbaines, et qui revêt une importance capitale pour le développement économique du Nord canadien.

Prochaines étapes

Les ministres ont accepté de se réunir de nouveau après le Sommet de l'innovation et de l'apprentissage pour discuter de ses résultats et des prochaines étapes à franchir pour dresser un plan d'action national. Ils se sont aussi entendus sur la nécessité d'enregistrer rapidement des progrès. Ils ont en outre demandé à leurs fonctionnaires de poursuivre le travail portant sur les mesures prioritaires, notamment en ce qui concerne le dossier des coûts indirects de la recherche universitaire, la réglementation de la biotechnologie, les critères de réussite d'un partenariat fédéral-provincial-territorial, l'amélioration de l'accès au capital-risque, et la création d'un contexte réglementaire et commercial propice à l'innovation.

ENTRETIENS DE DRHC AVEC LES PROVINCES ET TERRITOIRES

Les provinces et territoires font déjà preuve de leadership et agissent dans les domaines qui relèvent de leurs compétences pour répondre aux défis auxquels se trouve confronté le Canada en matière de compétences et d'apprentissage. *Le savoir, clé de notre avenir* les invitait à travailler en collaboration avec le gouvernement du Canada afin de définir une vision commune de l'avenir que nous souhaitons et de décider des mesures que les gouvernements pourraient prendre individuellement et collectivement pour la réaliser.

Dans le cadre du processus de mobilisation intergouvernemental sur *Le savoir, clé de notre avenir*, DRHC a invité les provinces et les territoires à des discussions multilatérales et bilatérales sur les priorités en matière de compétences et d'apprentissage.

La ministre de Développement des ressources humaines Canada, Mme Jane Stewart, a examiné *Le savoir, clé de notre avenir* avec le Conseil des ministres de l'Éducation (Canada) au cours de sa réunion semestrielle, du 8 au 10 avril 2002. Les ministres se sont déclarés intéressés, de manière générale, à travailler ensemble sur des priorités communes dans le secteur de l'éducation. Pendant la même réunion semestrielle, les sous-ministres se sont entendus sur un nouveau processus fédéral-provincial-territorial pour un travail concerté destiné à améliorer l'aide financière aux étudiants.

La ministre Stewart a également discuté des compétences et de l'apprentissage lors d'une réunion des ministres responsables des services sociaux, qui a eu lieu les 30 et 31 mai 2002. Les ministres présents s'y sont engagés à progresser dans l'établissement d'un cadre de référence pour une stratégie du marché du travail pour les personnes handicapées, et à orienter les travaux sur les ententes qui remplaceront les accords bilatéraux sur l'emploi des personnes handicapées et l'aide qui leur est apportée. Les ministres responsables des services sociaux ont par ailleurs convenu de faire en sorte que tous les Canadiens puissent participer pleinement au marché du travail, et ils se sont engagés à travailler en collaboration avec leurs collègues sectoriels, en particulier ceux du marché du travail, afin d'atteindre cet objectif.

Au cours des derniers mois, DRHC a organisé un certain nombre d'entretiens bilatéraux avec des ministères provinciaux et territoriaux sur le marché du travail, les services sociaux et l'éducation. Les provinces et les territoires ont également contribué au dialogue intergouvernemental actuel en publiant plusieurs documents provinciaux et territoriaux sur les compétences et l'apprentissage.

Les entretiens avec les provinces et les territoires ont démontré que les gouvernements partagent en général les mêmes priorités et objectifs en ce qui concerne les compétences et l'apprentissage. Ainsi, tous souhaitent améliorer le taux de participation des groupes sous-représentés et favoriser l'acquisition des compétences essentielles. Les gouvernements s'accordent également à reconnaître qu'il est important d'amener tous les partenaires à s'investir, qu'il s'agisse des entreprises, des syndicats, des organisations non gouvernementales ou des établissements d'enseignement, et à relever les défis auxquels le Canada est confronté sur le plan des compétences. Plusieurs provinces et territoires ont souligné que les documents officiels sur les compétences peuvent servir de base à une collaboration accrue au service des priorités en matière de compétences et d'apprentissage. D'autres ont rappelé qu'il est important que les mesures gouvernementales se complètent et soient conformes aux responsabilités et mécanismes fédéraux-provinciaux actuels.

Prochaines étapes

DRHC continue de convier les provinces et les territoires à s'entretenir avec le gouvernement fédéral des priorités communes en matière de compétences et d'apprentissage en ce qui concerne le marché du travail, l'éducation et les services sociaux. Comme il est précisé dans le discours du Trône prononcé le 30 septembre 2002, le gouvernement du Canada souhaite travailler en concertation avec les gouvernements provinciaux et territoriaux afin de s'assurer que le pays possède l'architecture de compétences et d'apprentissage nécessaire pour relever les défis du XXIe siècle. De plus, DRHC a invité les provinces et les territoires à collaborer avec le gouvernement fédéral sur différentes priorités en matière de compétences et d'apprentissage.

CHAPITRE 10

APERÇU DES PERSPECTIVES DIFFÉRENTES ET DES PRIORITÉS COMMUNES

PERSPECTIVES DIFFÉRENTES

Le processus de mobilisation sur la *Stratégie d'innovation du Canada* a mis à contribution un très large éventail d'organismes, d'institutions et de gens. Parmi les nombreux facteurs ayant influé sur les préoccupations, les idées et les impressions des divers groupes figuraient les différentes conditions socioéconomiques, ainsi que les politiques et les priorités établies. En d'autres termes, les participants de chaque groupe voyaient à leur façon le défi de l'innovation au Canada et leur rôle dans ce contexte.

Tout naturellement, la situation à l'échelle locale a également influé sur les commentaires des régions et des collectivités. Les participants des grands centres urbains avaient tendance à souligner la difficulté d'accéder à un financement à long terme suffisant et au capital-risque pour accélérer la R-D et la commercialisation. Ils ont aussi reconnu la nécessité d'aligner le système d'apprentissage sur les besoins du marché du travail local. Les participants des petites collectivités ont surtout parlé des besoins en éléments d'infrastructure, de la connectivité à large bande, de la nécessité d'offrir plus de possibilités aux jeunes pour endiguer

> *« L'innovation n'est pas quelque chose qui s'obtient par la force : c'est un état d'esprit et une démarche comportementale. »*
>
> Association de l'aluminium du Canada

leur exode, et des mesures incitatives pour retenir les employés qualifiés. Les différences de perspectives entre les régions et les collectivités empêchent l'adoption d'une démarche universelle en matière d'innovation.

Comme il fallait s'y attendre, les jeunes sont surtout préoccupés par les aspects « compétences » et « apprentissage » de l'innovation. Ils envisagent leur avenir et se demandent s'ils seront en mesure d'acquérir les connaissances et les compétences nécessaires pour prospérer dans l'économie du savoir. Ils s'interrogent sur l'accessibilité de l'enseignement postsecondaire, mais ils se demandent aussi si les écoles et les universités dotent les élèves de toutes les compétences dont ils auront besoin pour réussir sur le marché du travail. Ils soulignent également le besoin d'accéder plus facilement à l'information sur un éventail plus large de choix professionnels, à tous les niveaux du système d'éducation.

Pour la communauté autochtone, l'innovation se rapporte moins à la recherche ou à la commercialisation qu'à la politique sociale. Selon elle, le défi consiste à relever le niveau de vie et d'instruction pour que ses membres et ses collectivités puissent commencer à contribuer à l'économie du savoir. En conséquence, elle considérait les fondements de l'apprentissage et l'infrastructure communautaire et sociale comme étant des questions primordiales.

En sa qualité de principal responsable de l'acquisition de connaissances et de compétences au Canada, le milieu universitaire est un moteur déterminant de l'innovation. Cependant, après avoir subi les nombreux effets des pressions financières, ce milieu veut que les gouvernements lui accordent des fonds supplémentaires pour remettre à niveau l'infrastructure, accroître la capacité de recherche et d'enseignement, et veiller à ce que l'éducation postsecondaire demeure accessible à tous les Canadiens. Les universités ont mis l'accent sur l'augmentation du financement de la recherche et elles ont notamment réclamé un programme permanent pour payer les frais indirects de la recherche. Les universités reconnaissaient également qu'elles devaient jouer un rôle plus important dans la commercialisation du savoir et dans la création de richesses, ce qui supposera davantage de partenariats avec l'industrie et le gouvernement. Les collèges ont demandé plus d'occasions de participer pleinement à la réalisation de la *Stratégie d'innovation*. Quant aux bibliothèques, elles ont souligné l'importance de leur rôle pour améliorer l'accès de la collectivité à l'information numérique.

Plus que tout autre groupe, les associations nationales de gens d'affaires ont établi un lien entre le climat fiscal et le rythme de l'innovation. Elles souhaitaient passer en revue les mesures actuelles d'incitation à la R-D et les mécanismes de formation de capital-risque, et mettre fin aux programmes improductifs. Elles ont aussi demandé avec insistance que tout nouveau stimulant soit fonction de la performance et mis en œuvre par le biais du régime fiscal plutôt qu'au moyen de nouveaux programmes de dépenses. Les organismes de développement économique se jugeaient exceptionnellement bien placés pour stimuler l'innovation au niveau local. Pour eux, le défi de l'innovation est axé sur la nécessité de faire passer des ordres de gouvernement supérieurs au niveau local les mécanismes permettant de générer les ressources humaines et financières voulues pour stimuler la R-D, le transfert de technologie et la commercialisation.

De par leur nature même, les conseils sectoriels considèrent l'innovation comme un défi lié aux compétences. Ils ont déjà démontré qu'ils peuvent réunir les travailleurs, les employeurs et les éducateurs pour renforcer le développement des compétences en milieu de travail. Moyennant un financement suffisant du gouvernement, les conseils sectoriels pensent pouvoir militer plus vigoureusement en faveur des programmes d'apprentissage pour les adultes.

Quoique extrêmement diversifié, l'ensemble des petites et moyennes entreprises s'est distingué de nombreux autres groupes en exprimant son sentiment d'isolement par rapport au gouvernement et aux décideurs. Même si elles se considèrent comme un moteur de l'innovation au Canada, les petites et moyennes entreprises jugent que leur potentiel est limité par les impôts élevés, la réglementation et des programmes et des services gouvernementaux adaptés aux grandes sociétés. L'accès aux capitaux et aux programmes d'aide technologique constitue l'une de leurs plus grandes préoccupations. Les propriétaires de petites et moyennes entreprises ont indiqué clairement que les critères d'admissibilité trop rigoureux et des procédures de demande complexes les décourageaient de recourir aux politiques et aux programmes gouvernementaux qui appuient la R-D, la commercialisation et l'adoption de nouvelles technologies. Par conséquent, selon eux, on sous-exploite l'énorme potentiel d'innovation que possèdent les petites et moyennes entreprises au Canada, soit au moins 2 millions d'entreprises. Par ailleurs, les Canadiens de tous les segments de la société ont souligné le besoin d'améliorer l'accès au financement pour que naissent de nouvelles entreprises novatrices. Les petites et moyennes entreprises estiment aussi qu'il importe pour elles de pouvoir accéder aux programmes de stages d'apprenti, de travail-études et de formation en milieu de travail et à d'autres programmes d'apprentissage continu.

Le secteur de l'industrie a exprimé toute une gamme de points de vue — depuis celui des fabricants et des transformateurs dits « traditionnels », à une extrémité, jusqu'à ceux des entreprises de technologie de l'information, de télécommunications et de sciences de la vie, à l'autre. La majorité des secteurs industriels ont accordé la priorité à l'aide à la commercialisation, aux régimes réglementaires et fiscaux, et à l'accès à une main-d'œuvre suffisamment compétente.

Les industries plus « traditionnelles » des secteurs secondaire et primaire ont réitéré l'importance d'améliorer la productivité en modernisant les procédés. Les industries en devenir ou très fragmentées (par exemple, dans les domaines des technologies environnementales et de la biotechnologie) ont réclamé des mesures qui les aideraient à se mobiliser en une force collective pour mieux profiter des débouchés mondiaux.

Les activités organisées par DRHC ont procuré aux participants, dont les antécédents et l'expérience variaient beaucoup, la chance d'échanger entre eux sur des questions clés concernant les compétences et l'apprentissage dans le contexte de l'innovation. Malgré les différents points de vue qu'ils ont exprimés, les employeurs, les représentants syndicaux, les éducateurs, les Autochtones et d'autres se sont entendus sur de nombreux aspects. La plupart ont souscrit vigoureusement au diagnostic établi dans les documents de la *Stratégie d'innovation*. Ils estimaient que les pénuries de compétences sont déjà évidentes au Canada, que la crise démographique prochaine menace d'aggraver la situation et qu'un système d'apprentissage conçu pour l'ère industrielle ne répondra pas aux besoins du Canada dans l'économie du savoir. Ils ont aussi convenu qu'il incombe à tous d'édifier une culture de l'apprentissage au Canada et que celui-ci ne parviendra pas à son objectif tant que les divers acteurs continueront à fonctionner en vase clos, isolés les uns des autres.

> « *Le gouvernement peut appuyer l'innovation, mais il ne devrait pas lui incomber d'en assumer la responsabilité. Il vaudrait mieux que l'industrie soit le moteur de l'innovation pour axer ainsi celle-ci sur le marché.* »
>
> Technologie océanologique (Côte Est)

PRIORITÉS COMMUNES

Comme on l'a déjà mentionné, les participants de chacun des groupes de discussion abordent l'innovation en fonction d'un point de vue et d'un contexte particuliers. Cependant, malgré d'énormes différences sur le plan de facteurs comme l'âge, la région, la culture, la langue, la taille de la collectivité, la taille de l'entreprise et l'appartenance sectorielle, lorsqu'on les interroge sur l'innovation, les Canadiens ont très clairement des priorités communes.

Partenariats

Si un seul thème prédominant devait ressortir du processus de mobilisation, ce serait celui du partenariat. Les Canadiens pensent que la performance sur le plan de l'innovation, dans tous les domaines (économique, social, culturel et environnemental), s'améliorera ou se détériorera en fonction de la capacité d'établir de nouveaux partenariats plus solides entre les gouvernements, les entreprises, les syndicats, les établissements d'enseignement, les fournisseurs de services de formation et les organismes communautaires. Parallèlement, ils ont expliqué clairement que les pouvoirs publics doivent montrer la voie en précisant clairement à quoi pourrait ressembler un Canada plus novateur et en travaillant avec tous les intervenants des secteurs public et privé pour concrétiser cette vision du Canada.

Coopération et harmonisation intergouvernementales

D'abord et avant tout, les Canadiens ont demandé avec insistance une coopération et une collaboration entre les trois ordres de gouvernement et à l'intérieur de chaque administration. Tous les intervenants ont souligné la nécessité d'accroître la coordination et la collaboration interministérielles. Ils ont formulé plusieurs recommandations sur l'effet positif que pourrait avoir sur la performance du pays au chapitre de l'innovation l'harmonisation intergouvernementale et interprovinciale des règlements, des régimes fiscaux et des programmes de soutien à la R-D et d'apprentissage.

Exploiter le plein potentiel de l'innovation

Beaucoup de Canadiens ont également fait valoir le besoin de dépasser les impératifs économiques et d'envisager l'innovation dans un contexte socio-culturel également. Ils croient non seulement que l'innovation est l'affaire de tous, mais aussi qu'elle doit se produire partout. Selon eux, elle est essentielle à l'amélioration de la qualité, de l'efficacité et de l'abordabilité des services et des programmes publics (par exemple, dans les domaines des soins de santé et de l'éducation) qui aident la population à surmonter les obstacles et à participer pleinement à l'économie. Enfin, ils ont exhorté les pouvoirs publics à reconnaître que l'innovation va de pair avec le développement durable et qu'elle peut contribuer grandement à la réalisation des objectifs du pays en matière environnementale.

Adopter une démarche globale pour susciter l'innovation

Bon nombre de Canadiens ont affirmé que la *Stratégie d'innovation du Canada* accorde trop d'importance à la technologie de pointe, aux grandes villes et à la « nouvelle économie ». Ils ont demandé au gouvernement de reconnaître que l'innovation peut favoriser énormément l'accroissement de la productivité dans les industries traditionnelles de la fabrication, de la transformation et des ressources naturelles, qui sont si importantes pour la vigueur de l'économie, et la qualité de vie dans les régions du pays.

Ils ont également réclamé, à l'égard du perfectionnement des compétences, une démarche plus inclusive ne se limitant pas aux « compétences scientifiques et techniques avancées ». Dans l'ensemble, les participants estimaient que la société ne peut plus se permettre de « dévaloriser » les ouvriers spécialisés. Les participants de différents secteurs, régions et professions ont fait observer que les pénuries de main-d'œuvre les plus pressantes se font maintenant sentir dans les métiers spécialisés. Les employeurs, les enseignants et les dirigeants des collectivités ont également souligné le besoin pour les jeunes gens d'acquérir des compétences essentielles en gestion, en administration des affaires et en entrepreneuriat au cours de leurs études

secondaires et postsecondaires. À l'unanimité, ils ont réclamé pour les étudiants plus d'occasions d'acquérir une expérience concrète, notamment des stages, des programmes de mentorat et des programmes travail-études pour mieux harmoniser le système d'apprentissage avec le marché du travail.

L'une des questions abordées pendant le processus de mobilisation concernait les obstacles empêchant des personnes douées d'évoluer sur le marché de l'emploi. Les Canadiens ont dénoncé les associations professionnelles et de gens de métier « protectionnistes » et les organes provinciaux de réglementation professionnelle qui ne respectent pas les titres de compétence étrangers légitimes. Ils ont dit que les restrictions qui empêchent les immigrants instruits et qualifiés d'obtenir du travail peu après leur arrivée au Canada doivent être levées.

Tout en reconnaissant que l'immigration contribuera grandement à répondre aux besoins futurs en compétences, de nombreuses personnes étaient d'avis que le gouvernement devrait en priorité investir dans les compétences des Canadiens et, en particulier, intégrer les Autochtones, les personnes handicapées et les travailleurs d'âge mûr à la main-d'œuvre. D'aucuns s'inquiétaient aussi du fait que la *Stratégie d'innovation* ne s'arrête pas suffisamment aux problèmes croissants relatifs à l'abordabilité de l'enseignement postsecondaire et à l'éducation permanente, surtout si le pays veut accroître considérablement le nombre d'apprenants adultes et d'élèves du secondaire qui poursuivront des études postsecondaires. Beaucoup s'entendent pour dire qu'il faut intensifier les efforts pour offrir aux Canadiens des plans d'apprentissage accessibles. L'accroissement des possibilités d'apprentissage en ligne, le renforcement de l'engagement des employeurs en faveur de la formation en milieu de travail, et l'intensification de la collaboration entre les fournisseurs de programmes d'apprentissage, en particulier les universités et les collèges, voilà autant de plans sur lesquels il faut agir en priorité. De l'avis général, les employeurs devraient changer d'attitude et considérer les dépenses de formation en milieu de travail comme des investissements et pas comme des coûts. Parallèlement, la plupart des participants con-sidéraient que le gouvernement devait jouer un rôle, c'est-à-dire appuyer le financement des frais de for-mation, peut-être par le biais de crédits d'impôt, de mesures d'encouragement ou d'utilisations créatives des fonds de l'assurance-emploi. Les dirigeants des milieux de l'enseignement ont reclamé l'amélioration de l'aide financière accordée aux apprenants adultes, à temps partiel, autochtones et autres. Il a aussi été mentionné que, tant que certains Canadiens ne réus-siraient pas à subvenir à leurs besoins de base, ils ne profiteraient pas des programmes de formation néces-saires à leur réussite et à leur mobilité sur le marché du travail. Cette « inclusivité sociale » va de pair avec l'« inclusivité du marché du travail ».

Appuyer les filières et encourager les collectivités à accroître leurs capacités

On pourrait dire que l'accès universel des collectivités de toutes les régions aux services à large bande a été l'élément le plus souvent cité pour améliorer la per-formance du Canada sur le plan de l'innovation. Les participants croyaient fermement que, si les pouvoirs publics étaient prêts à offrir une infrastructure moderne, entre autres des réseaux de communication de calibre mondial et des réseaux haute vitesse à large bande, les collectivités du pays pourraient mettre en commun leurs ressources humaines et financières, et participer à des activités d'innovation de classe internationale.

Les participants ont beaucoup parlé de l'objectif de la *Stratégie d'innovation* consistant à former au Canada 10 « filières » technologiques reconnues à l'échelle internationale. Cependant, ils se sont peu entendus sur cet objectif et ont beaucoup parlé de la façon dont les filières sont créées et dont les collec-tivités pourraient appliquer le concept de filière pour améliorer leur capacité d'attirer les investissements et les talents. Ils ont soutenu que les filières pourraient être « virtuelles » et revêtir aussi un caractère géo-graphique ou sectoriel. Ils considéraient comme un élément clé le renforcement des réseaux d'apprentis-sage et des liens entre les établissements de R-D et les entreprises du secteur privé.

Élargir les bases du savoir pour favoriser l'innovation et l'apprentissage

Tout au long du processus de mobilisation, les parti-cipants ont relevé des lacunes dans l'information disponible, et ce, sur de nombreux plans : les démarches les plus efficaces pour favoriser l'acquisi-tion des compétences de base; la formation en milieu de travail; l'éducation des adultes; l'apprentissage en ligne et les stages d'apprentissage; la capacité dont les universités et les collèges disposent effectivement; la façon dont les crédits affectés à la R-D sont investis au Canada et les endroits où ils le sont; la manière de mesurer les effets des filières. Selon la plupart des groupes, il importe en priorité d'encourager le partage des pratiques exemplaires dans tout le pays. Beaucoup estimaient que les gouvernements devraient prendre les devants en réunissant et en dif-fusant divers renseignements sur ces pratiques. En ce qui concerne le marché du travail, les participants ont largement perçu les conseils sectoriels comme étant bien placés pour assumer un rôle de coordonnateur; à d'autres égards, ils ont dit croire qu'il faudra peut-être adopter de nouveaux mécanismes de coordination.

> *« Il ne fait aucun doute que l'innovation bouleversera notre infrastructure industrielle et, par le fait même, notre paradigme économique. »*
>
> Programme d'économie d'énergie dans l'industrie canadienne

Le besoin d'un changement culturel

De nombreux participants ont également soutenu que le défi de l'innovation revêt au Canada une dimension culturelle qui suppose fondamentalement un changement d'attitude des Canadiens face au risque, aux avantages et à la réussite. Beaucoup étaient d'avis que ce processus devait commencer dans les écoles maternelles, primaires et secondaires, et qu'il fallait s'efforcer de familiariser les jeunes avec les concepts de l'entrepreneuriat créatif. Les participants souhaitaient aussi une collaboration pour mieux connaître les réalisations du pays en matière d'innovation, accroître la fierté nationale suscitée par ces dernières, et promouvoir le Canada comme étant un lieu intéressant où travailler, apprendre et investir, non seulement auprès des étrangers mais aussi des Canadiens. Les participants estimaient que ce besoin d'un renforcement de la culture de l'innovation existe dans tous les segments de la société canadienne : les gouvernements, les établissements d'enseignement, les laboratoires de R-D, les sociétés et les collectivités.

Aller de l'avant plus vite

Étant donné l'éventail d'intérêts et de points de vue exprimés au cours du processus de mobilisation, les responsables ont été surpris de constater à quel point les participants appuyaient l'analyse, les orientations générales et les étapes proposées dans les documents *Atteindre l'excellence* et *Le savoir, clé de notre avenir*. Parallèlement, l'un des messages les plus clairs communiqués par les gens, les organismes et les institutions de toutes les régions et de tous les secteurs se résumait à ceci : il faut se mettre au travail. Peu importe le thème abordé — procéder à la réforme réglementaire, encourager la formation de capital-risque, promouvoir la formation en cours d'emploi et l'éducation permanente, réviser les lois sur l'immigration ou réorganiser le système d'éducation (de la maternelle au niveau postsecondaire), beaucoup estimaient que la discussion avait assez duré, que la mission était claire et qu'il fallait désormais passer à l'action.

POINTS SAILLANTS DES INTERVENTIONS PROPOSÉES ET DES RECOMMANDATIONS

La partie qui suit résume les mesures recommandées le plus souvent relativement aux priorités communes des Canadiens cernées par les divers groupes d'intervenants. Les recommandations se renforcent mutuellement.

Renforcer le système d'apprentissage

Tous les intervenants ont reconnu que l'apprentissage continu et le perfectionnement des compétences constituent les bases d'une culture de l'innovation et ils ont convenu que les pouvoirs publics doivent dépenser plus judicieusement dans tous les secteurs du système d'apprentissage. Certains aimeraient également que des normes nationales régissent les programmes de formation et d'enseignement, de la maternelle à l'école secondaire, mais ils sont beaucoup plus nombreux à souhaiter que les gouvernements collaborent mieux entre eux. Selon les participants, les pouvoirs publics devraient s'attacher, par exemple, à promouvoir l'apprentissage en direct, à accroître la capacité d'enseignement et de recherche des collèges et des universités, et à s'assurer que les études postsecondaires et les programmes d'apprentissage pour adultes soient accessibles à tous les Canadiens, et que les compétences des nouveaux venus au pays soient pleinement utilisées.

Les participants se sont dits en faveur de l'orientation qui sous-tend les objectifs d'apprentissage et les étapes proposés dans la *Stratégie d'innovation*, même s'ils ne s'entendaient pas toujours sur les détails. Bon nombre ont cependant contesté l'importance accordée aux sciences, à la technologie et à l'enseignement postsecondaire supérieur, alors que des pénuries de compétences dans les métiers spécialisés et en gestion pratique des entreprises se manifestent déjà. Ils ont aussi constaté une tendance similaire dans le système d'enseignement de la maternelle à l'école secondaire qui oriente les jeunes vers les collèges et les universités et les éloigne de la formation pratique et d'autres formes d'apprentissage.

Selon de nombreux participants, les gouvernements doivent, pour assurer l'accessibilité aux possibilités d'apprentissage :

- régler les problèmes que pose la dette des étudiants et élaborer des régimes de remboursement plus souples;

- appliquer aussi aux personnes suivant des cours à temps partiel les programmes d'aide financière aux étudiants;

- établir des comptes d'apprentissage personnels semblables aux régimes enregistrés d'épargne-retraite qui s'accompagnent d'avantages fiscaux.

Pour aligner le système d'apprentissage sur le marché du travail, de nombreux participants ont demandé ce qui suit :

- que les employeurs, les syndicats et les conseils sectoriels fassent activement valoir les possibilités de carrière dans les métiers spécialisés et qu'ils fournissent aux jeunes, aux parents, aux enseignants et aux conseillers d'orientation professionnelle des renseignements opportuns et exacts au sujet des postes disponibles;

- que l'on accorde une plus grande attention aux compétences en entrepreneuriat et en gestion et aux connaissances de base dans le programme d'études secondaires, et que l'on intègre davantage les programmes d'études en sciences, en génie et en administration des affaires au niveau postsecondaire;

- que l'on fournisse de meilleurs renseignements sur la planification des carrières et une meilleure orientation professionnelle aux élèves de la maternelle à l'école secondaire, en fonction de données récentes et précises sur le marché de l'emploi;

- que l'on accroisse considérablement le nombre des programmes travail-études et de stages dans le système d'éducation de la maternelle à l'école secondaire et au niveau postsecondaire, et qu'il y ait des programmes de mentorat qui commencent à l'école et se poursuivent jusque dans la vie professionnelle.

> *« Les compétences et les ressources humaines sont les éléments capitaux d'une stratégie d'innovation nationale. »*
>
> Conseil canadien des chefs d'entreprise

Constituer une main-d'œuvre inclusive et qualifiée

De nombreux participants ont signalé qu'au Canada, les travailleurs ont moins accès à une formation structurée que dans d'autres pays. Selon eux, cette situation est attribuable dans une large mesure au fait que la grande majorité des Canadiens travaillent dans des petites et moyennes entreprises et qu'il est difficile et onéreux pour celles-ci de cerner les besoins en formation, de prévoir les compétences qu'il leur faudra dans l'avenir et de trouver les programmes et les services de formation qui leur conviennent.

Dans toutes les régions, de nombreux participants ont reconnu l'importance de l'immigration, vu les problèmes démographiques qui se posent au Canada et le besoin urgent de travailleurs spécialisés, d'enseignants et de chercheurs. Ils ont aussi bien fait comprendre que, pour répondre au besoin en employés qualifiés dans l'avenir, il faudra accorder la priorité à la réorganisation du système d'éducation et de formation pour améliorer les compétences des Canadiens.

Néanmoins, beaucoup ont réclamé un système d'immigration « moderne » fondé sur les compétences et caractérisé par un processus d'approbation plus rapide et par des mesures qui viseront à accélérer l'entrée des immigrants sur le marché du travail et à assurer l'utilisation de toutes leurs compétences.

Selon de nombreux participants, pour renforcer la formation en milieu de travail au Canada, il faut encourager les particuliers et les employeurs à profiter davantage :

- des crédits d'impôt qui inciteraient les premiers à participer davantage aux programmes d'apprentissage continu, et les seconds, à parrainer plus de programmes de formation;

- d'un financement de base accru versé aux conseils sectoriels, de sorte qu'ils puissent offrir aux PME leurs services stratégiques de gestion des ressources humaines;

- d'un investissement plus important de la part des entreprises dans des programmes de formation et de perfectionnement à l'intention de leurs employés.

Selon de nombreux participants, pour améliorer la contribution du système d'immigration à l'acquisition des compétences nécessaires au Canada il faut :

- que les organismes provinciaux d'accréditation et les associations professionnelles reconnaissent les titres de compétence étrangers et les compétences des travailleurs formés à l'étranger;

- que les conseils sectoriels et les collèges évaluent et reconnaissent au préalable les acquis, pour accélérer ainsi l'intégration des nouveaux arrivants au marché du travail;

- que les gouvernements et les établissements d'enseignement simplifient la tâche aux étudiants souhaitant venir au Canada et demander le statut de résident permanent à la fin de leurs études, et qu'ils rendent ce processus moins coûteux;

- que les employeurs et les conseils sectoriels participent davantage au recrutement d'immigrants compétents;

- les modalités d'immigration devraient être modifiées afin de faciliter le processus d'approbation des immigrants éventuels et, tout particulièrement, des personnes qualifiées.

Favoriser un contexte propre à l'innovation

Selon les leaders de l'industrie, le contexte de l'innovation s'améliore, mais le Canada n'offre pas encore les avantages « tangibles » qui inciteront les multinationales à investir dans la R-D. Ils ne croient pas non plus que le pays fournisse la gamme appropriée de stimulants et d'encouragements susceptibles d'aider les PME à investir beaucoup plus dans l'innovation. Ils ont exhorté les administrations fédérale, provinciales et municipales à doter le Canada d'une infrastructure de classe mondiale (ce qui comprend des réseaux haute vitesse), à adopter des politiques claires, stables et cohérentes qui appuient l'innovation, et à prêcher par l'exemple en choisissant des démarches novatrices aux chapitres de la réglementation, de la formulation des politiques et de la prestation des services.

Selon de nombreux participants, pour améliorer le contexte de l'innovation il faut :

- que les gouvernements collaborent avec l'industrie, les consommateurs et d'autres intervenants afin exécuter d'ici 2005 un examen approfondi de la réglementation, secteur par secteur; il faut à tout le moins rationaliser les régimes de réglementation des divers ordres de gouvernement et harmoniser les codes d'acceptation des produits et d'autres règlements et normes avec ceux des principaux partenaires commerciaux du Canada;

- supprimer les impôts sur le capital et réduire les cotisations d'assurance-emploi;

- rendre les crédits d'impôt pour la recherche scientifique et le développement expérimental remboursables et facilement accessibles aux entreprises de tous les secteurs, en particulier aux petites et moyennes entreprises;

- offrir des stimulants fiscaux qui encourageront les entreprises à appliquer des technologies qui accroissent la productivité;

- revoir la *Loi sur le droit d'auteur* pour trouver, dans le contexte de l'économie numérique, un juste équilibre entre les droits des « créateurs » et les droits des « utilisateurs »;

- renseigner davantage les chercheurs universitaires et les petites et moyennes entreprises sur la gestion de la propriété intellectuelle, et moderniser le régime de propriété intellectuelle et de délivrance de brevets pour simplifier les processus et réduire les délais d'approbation.

Améliorer la recherche, le développement et la commercialisation

Tout en reconnaissant la nécessité de créer et de tirer parti du savoir avec beaucoup plus de vigueur, de nombreux participants se sont demandés s'il était réaliste d'espérer que le Canada se classe parmi les cinq principaux pays du monde au chapitre de la R-D. Cependant, leur message était clair : le Canada doit dépenser plus et d'une manière plus judicieuse pour stimuler la recherche fondamentale et appliquée, transformer les professionnels de la recherche en « gestionnaires de l'innovation », accroître l'apport de capital-risque aux petites et moyennes entreprises, et encourager l'innovation en favorisant davantage l'application des technologies et des procédés qui augmentent la productivité.

Selon de nombreux participants, pour promouvoir la R-D il faut :

- clarifier les rôles du gouvernement, de l'industrie, des universités et des collèges dans le domaine de la R-D, et faire en sorte que tous ces intervenants collaborent davantage entre eux pour hausser le niveau de la recherche tant fondamentale qu'appliquée;

- accroître les fonds versés aux conseils subventionnaires fédéraux pour soutenir la recherche dans les collèges et les instituts techniques;

- financer les frais indirects de la recherche commanditée par le gouvernement fédéral et régler les problèmes que les universités et les collèges éprouvent au sujet de l'entretien et de la capacité, problèmes que l'on a mis de côté pendant longtemps;

- créer des mécanismes pour coordonner et fixer les priorités relatives à la R-D financée par le gouvernement fédéral, et pour partager les installations, le personnel technique et le personnel cadre entre l'industrie, les universités et les ministères gouvernementaux;

- reconstruire la capacité scientifique des ministères et des organismes fédéraux.

Selon de nombreux participants, pour promouvoir la commercialisation les gouvernements doivent :

- augmenter les crédits versés à la Fondation canadienne pour l'innovation, au Programme d'aide à la recherche industrielle, au Programme des mesures d'action précoce en matière de technologie et à Partenariat technologique Canada, élargir les critères d'admissibilité appliqués par ces organismes et simplifier les procédures de demande pour les rendre plus accessibles aux petites et moyennes entreprises;

- créer un programme de stages pour aider les chercheurs universitaires à acquérir toutes les compétences voulues en gestion de l'innovation;

- par le biais des marchés de l'État, mettre en vedette les produits issus de la technologie canadienne et en encourager ainsi l'utilisation;

- envisager de modifier le mandat de la Banque de développement du Canada et d'Exportation et développement Canada, ou de créer de nouvelles institutions pour améliorer l'approvisionnement en capital-risque;

- encourager davantage les entreprises du secteur privé à commercialiser leurs produits et services.

Afin d'améliorer l'accès au capital, de nombreux participants ont demandé ce qui suit :

- la constitution d'une masse critique d'investisseurs spécialistes du capital-risque;

- des encouragements pour accroître les investissements providentiels et le capital-risque pour les petites entreprises novatrices et dans les petits centres urbains.

Renforcer les collectivités

Les personnes de tous les groupes et secteurs ayant participé au processus de mobilisation ont souligné qu'il fallait répondre aux besoins en éléments d'infrastructure de base (routes, écoles et hôpitaux, entre autres) dont dépend la capacité des collectivités de développer et d'exploiter leur potentiel en matière d'innovation ainsi que d'offrir la qualité de vie qui attire et retient chez elles les travailleurs hautement qualifiés. Dans de nombreux cas, les participants ont souligné le besoin de renforcer la capacité des administrations municipales de participer pleinement à l'application d'une stratégie nationale d'innovation, de manière à garantir la prise en compte des besoins locaux et la pleine utilisation des atouts locaux.

Les participants de nombreux groupes ont également convenu qu'au lieu de viser à créer 10 filières d'innovation géographiques, ce qui risquerait de répartir trop le capital et les ressources disponibles, les gouvernements devraient chercher à créer une réglementation et un régime fiscal positifs pour que les filières puissent se former d'elles-mêmes. Les petites collectivités ont demandé que l'on accorde plus d'importance à la mise sur pied de réseaux Internet propices à l'innovation pour que les personnes et les entreprises, peu importe où elles se trouvent, puissent participer aux filières d'innovation « virtuelles ». Ces collectivités ont aussi souligné l'importance de l'accès à l'infrastructure publique et sociale, à l'apprentissage en ligne et aux programmes de formation en milieu de travail. Ce point de vue était particulièrement affirmé dans les localités rurales et autochtones.

Pour édifier et renforcer des collectivités plus novatrices, les participants ont demandé :

- l'accès aux services Internet à large bande dans toutes les régions et collectivités, et un accès abordable aux réseaux haute vitesse qui engendreraient de nouveaux débouchés commerciaux et de nouvelles façons de profiter des programmes d'apprentissage, des soins de santé et d'autres services publics;

- des efforts pour accroître la capacité des administrations locales, en particulier dans les domaines techniques et financiers, de sorte qu'elles puissent stimuler davantage l'innovation au niveau communautaire;

- des politiques fiscales qui améliorent la compétitivité des plus petites collectivités et régions;

- la stimulation de l'innovation dans les secteurs traditionnels tels que ceux de l'exploitation minière, de la foresterie et de la fabrication lourde;

- des efforts pour inciter les petites collectivités à définir leurs propres stratégies d'innovation et d'apprentissage;

- des efforts pour régler, chez les Autochtones, les problèmes fondamentaux concernant la qualité de vie et l'apprentissage.

« *...la* **Stratégie d'innovation** *doit être plus qu'une politique éphémère : ce doit être un thème essentiel pendant de nombreuses années. Pour vraiment prendre racine, ce thème doit, pendant des dizaines d'années, imprégner le processus décisionnel dans tous les ministères, dans tous les ordres de gouvernement, dans le secteur privé, dans les milieux universitaires et chez d'autres intervenants.* »

Conseil consultatif des sciences et de la technologie énergétiques de Ressources naturelles Canada

LA STRATÉGIE D'INNOVATION DU CANADA : OBJECTIFS ET INTERVENTIONS PROPOSÉS

I. *ATTEINDRE L'EXCELLENCE — INVESTIR DANS LES GENS, LE SAVOIR ET LES POSSIBILITÉS*

LE DÉFI DE LA PERFORMANCE SUR LE PLAN DU SAVOIR

Le gouvernement du Canada propose les objectifs, les cibles et les priorités fédérales qui suivent pour aider plus d'entreprises à mettre au point, à commercialiser et à adopter des innovations de pointe.

Objectifs

- Augmenter considérablement l'investissement public et privé dans l'infrastructure du savoir afin d'améliorer la performance du Canada en matière de R-D.

- Faire en sorte qu'un nombre croissant d'entreprises bénéficient de l'application commerciale du savoir.

Cibles

- D'ici 2010, se classer parmi les cinq premiers pays du monde en ce qui concerne la performance sur le plan de la R-D.

- D'ici 2010, au moins doubler les investissements actuels du gouvernement du Canada dans la R-D.

- D'ici 2010, se classer parmi les meilleurs au monde en part des ventes du secteur privé attribuables à des innovations.

- D'ici 2010, augmenter les investissements de capital-risque par habitant pour arriver au niveau général des États-Unis.

Priorités du gouvernement du Canada

1. Relever les principaux défis qui se posent dans le milieu de la recherche universitaire. Le gouvernement du Canada s'est engagé à prendre les mesures suivantes :

- Financer les coûts indirects de la recherche universitaire. Contribuer à une partie des coûts indirects de la recherche bénéficiant d'un soutien fédéral, en tenant compte de la situation particulière des petites universités.

- Appuyer le potentiel de commercialisation des travaux de recherche universitaire subventionnés. Aider les établissements d'enseignement à repérer la propriété intellectuelle qui présente un potentiel commercial et à former des partenariats avec le secteur privé afin de commercialiser les résultats de la recherche.

- Offrir au Canada des possibilités de recherche qui soient compétitives à l'échelle internationale. Augmenter le financement des conseils subventionnaires afin qu'ils puissent attribuer plus de subventions de recherche importantes.

2. Renouveler la capacité en sciences et en technologie du gouvernement du Canada de relever les défis et de saisir les possibilités qui se présentent sur le plan de la politique publique, de l'économie et de l'intendance.

- Le gouvernement du Canada envisagera une approche concertée en ce qui concerne l'investissement dans la recherche afin de cibler la capacité fédérale sur les possibilités scientifiques qui se dessinent. Le gouvernement constituera des réseaux de collaboration entre ministères, universités, organisations non gouvernementales et secteur privé.

3. Encourager l'innovation et la commercialisation des connaissances dans le secteur privé.

- Encourager davantage la commercialisation d'innovations qui sont des premières mondiales. Le gouvernement du Canada envisagera d'accroître l'appui aux programmes de commercialisation établis qui ciblent des investissements dans la biotechnologie, les technologies de l'information et des communications, l'énergie durable, l'exploitation minière et forestière, les nouveaux matériaux, la fabrication de pointe, l'aquaculture et l'éco-efficacité.

- Encourager davantage les petites et moyennes entreprises à adopter et à mettre au point des innovations d'avant-garde. Le gouvernement du Canada envisagera de fournir un appui au Programme d'aide à la recherche industrielle du Conseil national de recherches Canada afin d'aider les PME canadiennes à évaluer la technologie mondiale et à y accéder, à former des alliances internationales en R-D et à créer des entreprises technologiques internationales.

- Récompenser les innovateurs canadiens. Le gouvernement du Canada envisagera de mettre en place un nouveau prix national prestigieux, qui sera décerné chaque année, afin de reconnaître les innovateurs du secteur privé canadien concurrentiels à l'échelle internationale.

- Accroître l'offre de capital-risque au Canada. La Banque de développement du Canada réunira les avoirs de divers partenaires, investira ces sommes dans de petits fonds de capital-risque spécialisés et gérera le portefeuille au nom de ses commanditaires.

LE DÉFI DES COMPÉTENCES

Le gouvernement du Canada propose les objectifs, cibles et priorités fédérales qui suivent afin de former, d'attirer et de retenir les personnes hautement qualifiées nécessaires pour renforcer la performance du Canada sur le plan de l'innovation.

Objectifs

- Former la main-d'œuvre la plus qualifiée et la plus talentueuse au monde.

- Veiller à ce que le Canada accueille les immigrants qualifiés dont il a besoin et aider ces immigrants à réaliser leur plein potentiel sur le marché du travail et dans la société canadienne.

Cibles

- Au cours des cinq prochaines années, faire augmenter de 1 million le nombre d'adultes qui profitent de possibilités d'apprentissage.

- Jusqu'en 2010, augmenter de 5 p. 100 par an en moyenne le nombre des étudiants inscrits à la maîtrise et au doctorat dans les universités canadiennes.

- D'ici 2002, mettre en œuvre la nouvelle *Loi sur l'immigration et la protection des réfugiés* et son règlement.

- D'ici 2004, améliorer sensiblement la performance du Canada pour ce qui est de recruter des talents étrangers, y compris des étudiants, en utilisant les programmes relatifs à l'immigration permanente et au statut de travailleur étranger temporaire.

Priorités du gouvernement du Canada

1. Produire de nouveaux diplômés. Le gouvernement du Canada envisagera de prendre les initiatives suivantes :

   - Encourager financièrement les étudiants inscrits à des programmes d'études de deuxième et troisième cycle, et doubler le nombre des bourses d'études attribuées par les conseils subventionnaires fédéraux au niveau de la maîtrise et du doctorat.

   - Créer un programme de bourses de tout premier ordre, aussi prestigieux et de la même ampleur que les bourses Rhodes; appuyer une stratégie concertée de recrutement d'étudiants étrangers menée par les universités canadiennes; et modifier les politiques et les formalités d'immigration afin qu'il soit plus facile de garder au Canada des étudiants étrangers.

   - Mettre en place un programme de recherche concertée afin d'aider les étudiants de deuxième et troisième cycle, et, dans des circonstances particulières, des étudiants de premier cycle, qui souhaitent combiner leur formation universitaire théorique et une expérience de recherche appliquée approfondie dans un cadre de travail.

2. Moderniser le régime d'immigration du Canada. Le gouvernement du Canada s'est engagé :

   - à maintenir sa résolution d'augmenter les taux d'immigration et de faire en sorte d'accroître le nombre de travailleurs hautement qualifiés;

   - à accroître la présence, la capacité et la marge de manœuvre des services d'immigration, au Canada et à l'étranger, afin d'offrir aux travailleurs qualifiés permanents et temporaires des normes de service concurrentielles;

   - à faire connaître le Canada comme destination de choix pour les travailleurs qualifiés;

   - à utiliser un programme révisé pour les travailleurs étrangers temporaires ainsi que des autorisations provinciales élargies, afin de faciliter l'entrée de travailleurs hautement qualifiés, et à s'assurer que les avantages de l'immigration sont plus équitablement répartis dans l'ensemble du pays.

LE DÉFI DU MILIEU DE L'INNOVATION

Le gouvernement du Canada propose les objectifs, cibles et priorités qui suivent pour protéger les Canadiens et les encourager à adopter des innovations, pour encourager les entreprises à investir dans l'innovation, et pour attirer les personnes et les capitaux indispensables à l'innovation.

Objectifs

- Réagir à tout problème potentiel avant que la confiance du public et des entreprises ne se détériore.

- Faire en sorte que les régimes d'intendance et les politiques d'encadrement du marché du Canada soient de tout premier ordre.

- Améliorer les mesures d'incitation à l'innovation.

- Veiller à ce que le Canada soit reconnu comme étant à l'avant-garde des pays novateurs.

Cibles

- D'ici 2010, faire en sorte que des experts canadiens mènent à bien l'examen systématique des régimes réglementaires et d'affaires les plus importants du Canada.

- Faire en sorte que le régime fiscal des entreprises du Canada reste concurrentiel par rapport à celui des autres pays du G-7.

- D'ici 2005, améliorer de façon notable le profil du Canada auprès des investisseurs internationaux.

- D'ici 2004, mettre pleinement en œuvre les lignes directrices du Conseil d'experts en sciences et en technologie afin de s'assurer de la bonne utilisation des sciences et de la technologie dans le processus décisionnel gouvernemental.

Priorités du gouvernement du Canada

1. Veiller à l'efficacité du processus décisionnel concernant les politiques et priorités réglementaires actuelles et nouvelles. Le gouvernement du Canada envisagera de prendre les initiatives suivantes :

   - Appuyer une « académie canadienne des sciences », afin de renforcer et de compléter la contribution des organisations scientifiques canadiennes existantes.

   - Demander à des experts d'entreprendre des examens systématiques des régimes d'intendance existants en s'appuyant sur des analyses comparatives internationales, et établir des collaborations internationales pour relever les défis communs.

2. Veiller à ce que le régime fiscal des entreprises du Canada soit concurrentiel à l'échelle internationale.

   - Le gouvernement du Canada travaillera en collaboration avec les provinces et les territoires afin de s'assurer que les régimes fiscaux fédéral, provinciaux et territoriaux du Canada encouragent et appuient l'innovation.

3. Faire connaître le Canada comme lieu de travail et d'investissement idéal.

   - Le gouvernement du Canada s'est engagé à lancer une stratégie soutenue afin de faire connaître le Canada comme lieu d'investissement idéal. Cette stratégie pourrait inclure des missions d'Équipe Canada pour l'investissement et des activités promotionnelles ciblées.

LE DÉFI DE L'INNOVATION DANS LES COLLECTIVITÉS

Le gouvernement du Canada propose les objectifs, cibles et priorités fédérales qui suivent afin de soutenir l'innovation dans les collectivités de tout le pays.

Objectifs

- Tous les ordres de gouvernement doivent travailler de concert pour stimuler la création de nouvelles filières novatrices dans les collectivités.

- Les gouvernements fédéral, provinciaux et territoriaux ainsi que les administrations municipales doivent coopérer et accroître leurs efforts afin de libérer tout le potentiel d'innovation des collectivités dans l'ensemble du pays. Les efforts doivent être guidés par des évaluations communautaires des faiblesses, des possibilités et des atouts locaux.

Cibles

- D'ici 2010, former au moins 10 filières technologiques reconnues à l'échelle internationale.

- D'ici 2010, améliorer sensiblement la performance des collectivités canadiennes sur le plan de l'innovation.

- D'ici 2005, veiller à ce que les communications à large bande à haute vitesse soient généralement accessibles aux collectivités canadiennes.

Priorités du gouvernement du Canada

1. Appuyer la formation de filières industrielles concurrentielles à l'échelle internationale.

   - Le gouvernement du Canada accélérera les discussions communautaires en cours afin de former des filières technologiques dans des domaines où le Canada peut réunir des compétences de calibre international, de cerner d'autres possibilités et de créer de nouvelles filières.

2. Renforcer la performance des collectivités sur le plan de l'innovation.

   - Le gouvernement du Canada envisagera de fournir des fonds aux collectivités de taille moyenne pour leur permettre d'élaborer des stratégies d'innovation correspondant à leur situation particulière. Ces collectivités devront inviter des chefs de file locaux du milieu universitaire et des secteurs public et privé à participer à la formulation de leurs stratégies d'innovation. D'autres ressources, tirées de programmes nouveaux ou existants, pourraient être fournies pour mettre en œuvre des stratégies d'innovation communautaires fructueuses.

   - Dans le cadre de cet effort, le gouvernement du Canada travaillera en collaboration avec l'industrie, les provinces et territoires, les collectivités et le public afin que le secteur privé mette en œuvre une solution qui permette de poursuivre le déploiement des communications à large bande, notamment dans les régions rurales et éloignées.

II. LE SAVOIR, CLÉ DE NOTRE AVENIR — LE PERFECTIONNEMENT DES COMPÉTENCES AU CANADA

ENFANCE ET JEUNESSE

Objectif

Donner à nos enfants et à nos jeunes le meilleur départ possible dans la vie.

Jalons

* Hisser le Canada parmi les trois premiers pays au monde au chapitre des résultats en mathématiques, en sciences et en lecture.

* Rendre tous les jeunes Canadiens aptes à se servir d'un ordinateur et d'Internet à la fin de leurs études primaires.

* Assurer à tous les diplômés du secondaire un niveau d'alphabétisation suffisant pour pouvoir évoluer dans l'économie du savoir.

* Doubler la proportion des diplômés du secondaire qui ont une connaissance pratique des deux langues officielles.

La forme que pourrait prendre la contribution du gouvernement du Canada

Le gouvernement du Canada étudiera les mesures qu'il pourrait prendre pour améliorer l'aide apportée aux enfants et aux jeunes. Ces mesures feront l'objet de discussions avec les gouvernements provinciaux et territoriaux et les autres intervenants:

1. Aider au financement de programmes et de services de développement de la petite enfance. Donner suite aux engagements énoncés dans le budget de 2001 relativement aux enfants autochtones. De concert avec les gouvernements provinciaux et territoriaux, continuer de donner suite aux engagements pris dans l'Entente sur le développement de la petite enfance.

2. Améliorer les résultats scolaires des enfants et des jeunes des Premières Nations dans les réserves. Travailler avec ses partenaires pour améliorer les résultats scolaires des enfants autochtones dans les écoles des réserves.

3. Aider les jeunes Canadiens à réussir la transition des études au travail. Examiner les façons d'améliorer la Stratégie emploi jeunesse du gouvernement du Canada afin de mieux aider les jeunes à réussir sur le marché du travail.

ÉDUCATION POSTSECONDAIRE

Objectif
Permettre à tous les Canadiens d'avoir accès à une éducation postsecondaire de haute qualité.

Jalons
- Donner à tous les diplômés du secondaire la possibilité de faire des études postsecondaires, sous une forme ou une autre.

- Faire passer de 39 p. 100 à 50 p. 100, durant la prochaine décennie, la proportion des Canadiens de 25 à 64 ans qui possèdent un diplôme d'études postsecondaires, y compris une part accrue de personnes dans les groupes à risque.

- Doubler, durant la prochaine décennie, le nombre d'apprentis ayant terminé un programme de certification, en le portant à 37 000.

- Augmenter de 5 p. 100 par année en moyenne d'ici 2010 le nombre d'admissions à des programmes de maîtrise et de doctorat dans les universités canadiennes.

La forme que pourrait prendre la contribution du gouvernement du Canada
Le gouvernement du Canada examinera les mesures qu'il pourrait prendre dans le domaine de l'éducation postsecondaire. Ces mesures feront l'objet de discussions avec les gouvernements provinciaux et territoriaux et les autres intervenants :

1. Rendre l'éducation postsecondaire plus accessible pour les Canadiens à faible revenu. Travailler avec les provinces et territoires afin de s'assurer de la mise en œuvre efficace des modifications aux Subventions canadiennes pour études en faveur des étudiants handicapés. Discuter d'autres améliorations qui pourraient être apportées à l'aide financière accordée aux étudiants afin de mieux aider les étudiants dans le besoin et de les encourager à poursuivre leurs études au niveau postsecondaire.

2. Encourager les travailleurs canadiens à revenu faible ou moyen à faire des études postsecondaires tout en continuant de travailler. Bonifier les programmes d'aide financière aux étudiants afin d'aider les travailleurs canadiens à revenu faible ou moyen à parfaire leur éducation en faisant des études à temps partiel.

3. Favoriser la mobilité des étudiants et des apprenants adultes et faciliter leur accès aux études postsecondaires. Explorer avec les provinces et territoires les meilleures façons de faciliter la mobilité des étudiants et des apprenants adultes en facilitant le transfert de crédits entre les établissements d'enseignement postsecondaire et la reconnaissance des acquis et de l'expérience.

4. Encourager les Canadiens à faire carrière dans les métiers spécialisés. Discuter avec ses partenaires des moyens possibles d'encourager davantage de Canadiens à faire carrière dans les métiers spécialisés.

5. Mettre à profit l'expertise des collèges communautaires. Examiner les moyens d'appuyer les collèges communautaires dans le rôle important qu'ils jouent pour aider les Canadiens à acquérir les compétences dont ils auront besoin à l'avenir.

6. Augmenter le nombre de personnes hautement qualifiées. Discuter avec ses partenaires et les divers intervenants de la meilleure façon d'augmenter le nombre de personnes hautement qualifiées afin de stimuler l'innovation dans l'économie canadienne.

Objectif

Doter le Canada, dès maintenant et pour l'avenir, d'une main-d'œuvre plus compétente et plus adaptable.

Jalons

- Augmenter d'un million d'ici cinq ans le nombre d'apprenants adultes — hommes et femmes de tous les groupes de la société.

- Faire augmenter du tiers, en cinq ans, les sommes que les entreprises canadiennes investissent par employé dans le perfectionnement de leur main-d'œuvre.

- Faire diminuer de 25 p. 100, durant la prochaine décennie, le nombre d'adultes canadiens faiblement alphabétisés.

La forme que pourrait prendre la contribution du gouvernement du Canada

Le gouvernement du Canada examinera les mesures qu'il pourrait prendre dans certains domaines pour aider les Canadiens à profiter d'occasions de s'instruire et à réaliser leurs aspirations, et pour augmenter notre bassin de main-d'œuvre. Il discutera de ces mesures avec les gouvernements provinciaux et territoriaux et les autres intervenants:

1. Augmenter le nombre des conseils sectoriels et l'étendue de leurs activités. Travailler avec les conseils sectoriels pour augmenter le nombre de secteurs industriels couverts et pour étendre la portée du travail qu'ils font en matière de planification des ressources humaines et de perfectionnement des compétences au sein des différents secteurs et auprès des petites et moyennes entreprises. Discuter avec les conseils sectoriels et d'autres partenaires de la possibilité d'instituer une norme d'excellence intersectorielle en matière de perfectionnement des compétences en milieu de travail, qui permettrait de reconnaître publiquement le mérite des entreprises qui établissent des programmes d'apprentissage exemplaires.

2. Favoriser le développement et la dissémination de connaissances et d'informations sur l'apprentissage à l'âge adulte. Examiner les moyens d'intensifier la recherche et le développement et la diffusion de connaissances et d'informations sur les compétences et l'apprentissage à l'âge adulte.

3. Favoriser l'apprentissage en milieu de travail et accroître les possibilités de combiner le travail et les études. Examiner avec ses partenaires la possibilité d'offrir des incitatifs financiers aux employeurs qui aident leurs employés à acquérir des compétences de base. Examiner la possibilité de bonifier ses programmes de prêts pour les études à temps partiel.

4. Optimiser l'utilisation des ressources pour les mesures actives d'aide à l'emploi. À partir des partenariats actuels pour le développement du marché du travail, travailler avec les provinces et territoires pour optimiser l'utilisation des ressources disponibles afin de répondre aux besoins des Canadiens en matière de perfectionnement des compétences dans un marché du travail en évolution.

5. Favoriser la participation au marché du travail des gens qui ont de la difficulté à l'intégrer. Examiner avec les provinces et territoires et d'autres partenaires certaines mesures ciblées de perfectionnement des compétences qui pourraient être prises pour venir en aide aux personnes handicapées, aux Autochtones, aux membres des minorités visibles, aux personnes peu alphabétisées ou ayant des compétences de base insuffisantes et à d'autres personnes pour qui il est particulièrement difficile de se tailler une place sur le marché du travail.

IMMIGRATION

Objectif

Faire en sorte que le Canada continue d'attirer les immigrants qualifiés dont il a besoin et les aide à réaliser pleinement leur potentiel dans la société et sur le marché du travail au Canada.

Jalons

- Faire passer de 58 p. 100 en 2000 à 65 p. 100 en 2010 le pourcentage des immigrants adultes ayant une formation postsecondaire.

- Réduire de moitié, pour des niveaux d'instruction et de qualification comparables, l'écart entre le revenu des immigrants actifs sur le marché du travail et celui des travailleurs nés au Canada.

La forme que pourrait prendre la contribution du gouvernement du Canada

Le gouvernement examinera des mesures qui feront l'objet de discussions avec les gouvernements provinciaux et territoriaux ainsi que les intervenants et tiendront compte du partage des responsabilités dans le cadre des ententes fédérales-provinciales-territoriales concernant l'immigration. Voici certaines de ces mesures :

1. Sélectionner et attirer des immigrants hautement qualifiés. Collaborer avec les gouvernements provinciaux et territoriaux, les municipalités, les employeurs et d'autres partenaires pour faire en sorte que le Canada continue d'accueillir les immigrants qualifiés dont il a besoin.

2. Développer une approche intégrée et transparente à l'égard de la reconnaissance des titres de compétence acquis à l'étranger. Travailler en collaboration avec les provinces et territoires, les organismes de réglementation, les employeurs et les autres intervenants afin de mettre en place des mécanismes équitables, transparents et comparables d'évaluation et de reconnaissance des titres de compétence acquis par les immigrants à l'étranger, et ce, tant avant qu'après leur arrivée.

3. Mieux appuyer l'intégration des immigrants au marché du travail du Canada. Examiner avec les gouvernements provinciaux et territoriaux et les autres partenaires les mesures qui pourraient être prises pour aider les immigrants à bien s'intégrer au marché du travail, par exemple, en leur donnant de la formation linguistique, en prenant avec les employeurs des initiatives dans le domaine de l'emploi et en améliorant l'information sur le marché du travail et l'aide offerte pour la recherche d'un emploi.

4. Aider les immigrants à réaliser pleinement leur potentiel tout au long de leur vie professionelle. Examiner les moyens de voir à ce que le Canada dispose des renseignements et des connaissances nécessaires pour optimiser à long terme les retombées de l'immigration sur le marché du travail et dans la société.